Germinal
DEMOCRACIA

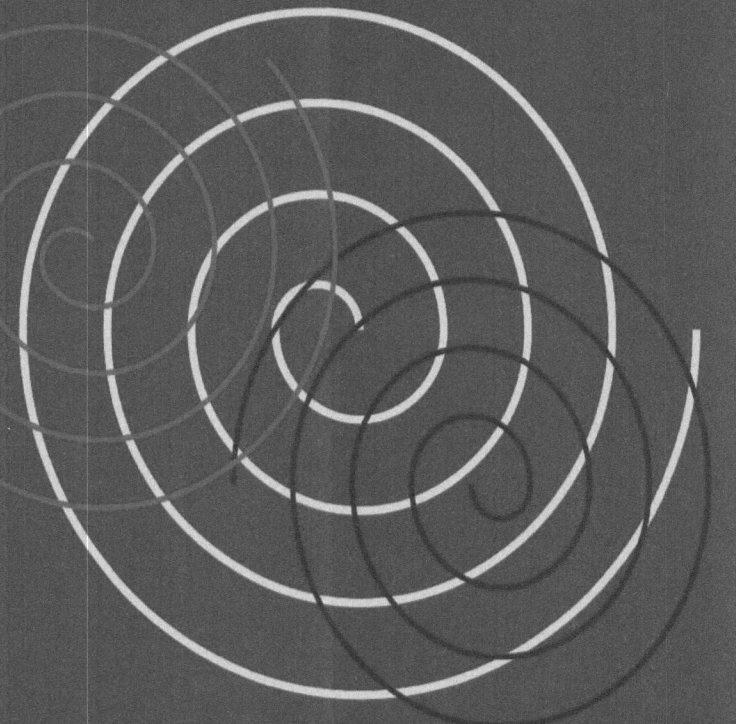

EVOLUCIÓN DEL SISTEMA POLÍTICO ELECTORAL MEXICANO

Raúl Manuel Flores Rodriguez

ePUB

1ª edición en esta presentación: julio de 2013

1ª edición: septiembre de 2012

1ª revisión: Junio de 2013

© 2012-2013: Raúl Manuel Flores Rodríguez

Derechos exclusivos de edición en español:

©2012: Editorial Lulu ®

www.espacioculturalyacademico.com

ISBN: 978-1-291-57147-9

Impreso en España

INDICE

CAPITULO 3. Procesos evolutivos de reformas electorales.

CAPITULO 4. El Instituto Federal Electoral (IFE) del Nuevo Siglo.

BIBLIOGRAFÍA

ANEXOS

RAÚL MANUEL FLORES RODRÍGUEZ

LICENCIADO EN DERECHO POR LA ESCUELA LIBRE DE DERECHO DE PUEBLA. MAESTRO EN ADMINISTRACIÓN PÚBLICA Y GOBIERNO POR PARTE DE LA BENEMÉRITA UNIVERSIDAD AUTONOMA DE PUEBLA. MAESTRO EN CIENCIAS POLÍTICAS Y GESTIÓN PÚBLICA EN LA UNIVERSIDAD INTERNACIONAL MENENDEZ PELAYO. PROFESOR EN AREAS DE LA CIENCIA JURÍDICA Y EN ADMINISTRACIÓN EN DIFERENTES UNIVERSIDADES.

GERMINAL DEMOCRACIA

EVOLUCIÓN DEL SISTEMA POLÍTICO ELECTORAL MEXICANO

La voz de los ciudadanos se hace escuchar

A la memoria de mi Cuchis: Blanca Ortiz López

*"Todo aquello que puedas o sueñes hacer, comiénzalo.
La audacia contiene en si misma genio, poder y magia"*

Goethe.

Este libro es parte de la inquietud y soledad vivida en el Distrito Federal, aquellas tardes lluviosas en mi estudio, viendo pasar los automóviles en avenida constituyentes, extrañando a mi pequeño hijo, ese estado no me daba más opción que sentarme a leer, estudiar e investigar sobre el tema que tanto me apasiona y que sin duda debo reconocer le debo a muchas personas que se atravesaron en mi camino.

Durante algunos años me ha tocado vivir la experiencia de cerca, respecto a las experiencias electorales, debo admitir que no todo fue miel sobre hojuelas, a lo largo de éste estadío, encontré grandes amigos, maestros e ilusiones, pero también encontré desolación, traición y algunas enemistades, motivadas por mi afán utópico de querer cambiar lo que a mi parecer no era correcto para la vida democrática y electoral.

Es así que decidí dar media vuelta y enfocarme desde la academia a hacer lo que tanto disfruto, soy consciente de que me faltan muchas cosas por vivir y aprender, pero también sé que esto que hago es un buen intento por buscar salidas a las ideas y reflexiones en torno a la materia.

Resulta inspirador y muy motivante dialogar con grandes pensadores y referentes en la materia como lo son: José Woldenberg, Rene Valdivieso, Ismael Crespo, Ludolfo Parámio, o verse motivado a hacer algo desde las letras inspirado en Ramón Cotarelo y su particular modo de decir la cosas.

De este modo durante poco más de 3 años he decidido dar por terminada la aventura de esta idea, que me induce a seguir adelante e ir en busca de nuevos caminos, ideas y conocimientos si es que algún día los puedo tener, ya que es al final del camino la mejor satisfacción personal, para mis padres, hermanos y la mejor herencia para mi hijo.

Mi reconocimiento y dedicatoria a uno de los individuos más preocupados por la democracia en México al Ex Consejero

Alonso José Ricardo Lujambio Irazábal (1962-2012)

Introducción

El sistema político electoral mexicano ha tenido una evolución notable a partir de 1988 con procesos de transformación y cambio, que involucraron a diferentes actores de gran importancia y provocaron la quiebra del sistema de partidos que rigió la mayor parte del siglo XX.

Las nuevas reformas aprobadas por el constituyente en materia Constitucional y Electoral han sido destinadas a fortalecer e institucionalizar un nuevo sistema de partidos políticos al tiempo en el que otorgan un cierto grado de avance en cuanto a la transparencia en los procesos electorales, a ciencia cierta, no estamos convencidos de que las reformas sean las mejores en cuanto a la materia, ya que a nuestro parecer existen demasiadas lagunas en la ley, cuestiones no previstas o jamás imaginadas en la realidad, errores, fallas o excesos que se darán con el tiempo sobre la asignación de tiempos de radio y televisión, el espíritu controlador del IFE, la falta de consensos para integrar al IFE y que a pesar de su espontánea integración en diciembre de 2011 no emitío una buena señal y que en nada abonará a los procesos electorales y que en su caso podría perjudicarlo, teniendo matices negativas, como lo es el gran número de votación nula.

Dichas reformas tendrán que ser analizadas por el Congreso a efecto de realizar las adecuaciones necesarias, al mismo tiempo al hablar de transparencia estamos obligados a proponer que se legisle sobre la correcta designación de los ciudadanos que se encargan de dirigir las Instituciones Electorales en el país, ya que son rehenes de los partidos políticos y de padrinazgos que distan de la verdadera transparencia e imparcialidad invocados en todos ellos, el legislar sobre el voto electrónico, el remediar la reforma electoral y dejar atrás las prácticas de ser manipulados por los institutos políticos, el reducir los gastos operativos del IFE y de los Institutos Electorales en los Estados, la obligatoriedad del voto, la no permisión de entrada de dinero del narcotráfico en las campañas electorales, el evitar en la medida de lo posible el recuento de votos absurdos que en nada demuestra transparencia y legalidad al computar el ya famoso "voto por voto" y "casilla por casilla" en los cómputos parciales, ya que en el estricto estamos dudando de millones de ciudadanos que se comprometen con el Instituto Federal Electoral ,con los Institutos Electorales de los 31 estados, el Distrito Federal y con el país entero al ser designados funcionarios de casilla, mismos que día a día dejan de creer en los organismos electorales y que por desgracia cada vez cuesta más trabajo convencer para integrar las mesas directivas de casilla, lo que tendría que ser un honor en la actualidad es un dolor de cabeza para el IFE y los ciudadanos. Lo anterior, pone en evidencia que por decisiones legislativas caprichosas se dude de su honradez, transparencia y compromiso con las elecciones del país.

No debemos dejar en el olvido el gran trabajo realizado por los Capacitadores Electorales y funcionarios de casilla quienes son al fin de cuentas, en quien recae la responsabilidad de que se cuenten y se cuenten bien los votos emitidos por los ciudadanos, debemos pensar en los millones de pesos que se erogan en cada uno de los procesos electorales entendiendo como proceso ya sean los federales o los de las entidades federativas, ya que, cada proceso como es lógico aumenta el padrón electoral, actualmente se encuentra en los

82 millones 863 mil 474 ciudadanos con credencial para votar y el gasto de operación del IFE para el proceso 2012 es de 10 mil 613 millones de pesos y con una propuesta de ampliación sobre el orden de los 15 mil 905 millones de pesos, el gasto de los partidos políticos 5 mil 292 millones de pesos, siendo el costo total de nuestra democracia, para el poco más de 100 millones de mexicanos, esto, solo a nivel federal sin contar las prerrogativas que otorga cada estado a los partidos políticos de lo cual entre muchas otras interrogantes se abordarán en el presente documento, para demostrar que aún con la última reforma electoral del 2007 el saldo no es favorable para las instituciones electorales del país y cada vez son más señaladas por actos de corrupción, enriquecimiento ilícito, reglamentación excesiva, gastos injustificables y actos de censura y que en cada proceso electoral el abstencionismo y las boletas nulas aumentan proceso a proceso de una manera silenciosa pero preocupante para el Sistema Electoral Mexicano.

En este orden de ideas, la marcada aceleración de las reformas político-electorales sobre la base de la década de los noventa experimentó efectos drásticos y satisfactorios para la legitimidad del sistema democrático.

En una primera vertiente, se produjo la alternancia efectiva en el poder, mediante elecciones gestionadas por organismos en ese entonces considerados de nueva creación como el IFE y el Tribunal Federal Electoral.

Por otra parte, el generoso financiamiento público de los partidos políticos ha garantizado a la oposición una posibilidad cierta para difundir adecuadamente sus ideas y programas; o en otras palabras, para proveer de una equidad básica al Sistema Electoral.

La reforma constitucional de 1996 estableció que el financiamiento público a los partidos debe ser superior a los recursos procedentes de fuentes privadas. Ciertamente, este segundo aspecto ha generado críticas respecto a los altos costos del sistema y, en buena medida, los proyectos de reforma han buscado limitar los gastos partidarios, como medio para evitar que se destinen excesivos recursos del Estado en el uso masivo de los medios de comunicación y lo más reciente el cerrar el paso al lavado de dinero. Estos aspectos de la reforma han derivado en un férreo mecanismo de fiscalización no exento de aristas inquisitivas, ya que carece de sentido de equidad en la contienda al momento de coaligarse los institutos políticos como seguramente lo veremos estos años venideros.

Desde una perspectiva histórica, el proceso de construcción de lo que llamamos germinal democracia en México ha sido la consolidación del cambio político mediante la legislación electoral con amplios discursos y debates como el expresado por Carlos Salinas de Gortari o aquel documento legado de Preguntas y Respuestas Manuel J. Clouthier que hizo en septiembre de 1988 y que fue un parte aguas al pasar de los años en la geografía político-electoral en donde en el año 1988 todo el país estaba en manos de gobiernos del Partido Revolucionario Institucional (PRI), para el año de 1989 el Partido Acción Nacional (PAN) ganaba un espacio en la geografía electoral al alzarse con el triunfo en Baja California, ya para el año de 2003 la geografía electoral del país se pintaba multicolor, seis estados eran gobernados por el Partido de la Revolución Democrática (PRD), diez por el Partido Acción Nacional (PAN) y el resto del país por el Revolucionario Institucional (PRI). Sin embargo, las características de la contienda electoral del 2006 y la disputa sobre sus resultados pusieron parcialmente en crisis el sistema.

Ello motivó el amplio debate que concluyó con la reciente reforma la cual es pieza fundamental de nuestro análisis, en específico lo que respecta, a la problemática que presento en las elecciones 2006 y 2009, así como el proceso definitorio para la reforma electoral, el sostener la tesis de que la ley fue sujeto de caprichos partidarios, de negociaciones y reformas que en la realidad en el campo de la operatividad han sido superadas por la práctica y que dejan mucho que desear sobre el sistema electoral en nuestro país.

Existe un consenso generalizado de que la reforma fue muy reactiva a la crisis del 2006, respondiendo a un conflicto político y con base a una negociación política. El Presidente Constitucional tomó posesión en medio de una tribuna legislativa tomada con expresiones de apoyo y rechazo exaltadas.

El ambiente político polarizado exigió un trabajo de conciliación y negociación que tuvo, como primer objetivo, una nueva reforma electoral que intentaba dar respuesta a los fenómenos que se presentaron en el proceso electoral y para los que la autoridad no contaba con instrumentos legales.

Asimismo, la reforma buscó acercar posiciones para sanear el contaminado ambiente entre las fuerzas políticas y dar satisfacción a demandas nuevas y, con ello, desazolvar la cargada agenda de reformas legislativas que requería el país. Hay que recalcar que la reforma fue constitucional y legal, aprobada por unanimidad. Así pues, como lo mencionó (Latapi, 2009). La reforma electoral se convirtió en el "principal instrumento para la construcción de un ambiente político viable para la convivencia plural", por tanto, el debate y las medidas se centraron en las condiciones de equidad.

El resultado fue regulatorio, fiscalizador y de sanciones, así como de nombramientos pactados de forma muy poco transparente. La presente obra nace de la inquietud de entender el fenómeno político-social a la luz de las elecciones federales en nuestro país desde el año de 1988 hasta el inicio del proceso federal 2012 cuando se concluyó la misma.

En un acto de convencimiento ciudadano, se abordarán las reformas y problemáticas presentadas y sobre todo la realidad y el análisis del campo electoral, ya que las elecciones se gestan en el campo, la verdadera labor y el sentir social se manifiesta en las calles con los ciudadanos, ya que, lo viven los capacitadores electorales, los supervisores y los ciudadanos que fungen como funcionarios de casilla a quienes desde aquí agradecemos y otorgamos un homenaje a su labor incansable en pro de la democracia, y no, la labor que se gesta detrás de los escritorios, ante lo cual hemos podido constatar la inviabilidad de las reformas electorales, la necesidad de transformaciones legales y adecuaciones de acuerdo al tiempo y sentir ciudadano.

Es importante destacar que la crisis política originada en las elecciones presidenciales del 2006, y que produce una división nacional de opiniones en cuanto a la eficacia y respetabilidad del IFE, de los organismos electorales de los Estados y la Justicia Electoral, trascendieron en el sentir de la sociedad mexicana, la cual en buena parte derivado de la crisis de partidos políticos que se vive en la actualidad y la crisis de creencias en los sistemas, se dio un importante revés en participación democrática, ya que el voto nulo supero cualquier expectativa, aumentando el abstencionismo, por tanto las instituciones electorales y los institutos políticos habían sido calificados y juzgados por la sociedad, no podemos conformarnos con que los niveles eran los esperados, debemos de preocuparnos y ocuparnos, ya es alarmante el dato de votos nulos, o las diferencias que poco abonan a la legitimidad en las elecciones cuando hacemos un ejercicio aritmético de sumar los votos nulos, el abstencionismo y el voto de los partidos perdedores, estos superan por mucho la votación del supuesto triunfador

La justificación institucional es que, a nivel internacional las instituciones electorales mexicanas conservan su excelente reputación. Buena prueba de ello es la frecuencia con que autoridades mexicanas participan en misiones de asistencia electoral internacional así como el gran número de delegaciones de funcionarios electorales de otros países de las más diversas regiones del mundo acuden a México para seminarios y actividades de intercambio y capacitación, ante lo cual no debemos distraernos, ni confundirnos y mucho menos creer en que lo que hacemos es lo correcto, porque aún hay mucho más por hacer.

Capítulo 1

Génesis de nuestras instituciones democráticas

La denominada Génesis de nuestras instituciones democráticas es una breve historia moderna. El tiempo que ha transcurrido, para alcanzar su legitimidad, la cual no ha sido nada fácil, incluso han existido pasajes vergonzosos y que quisiéramos desterrar de la memoria de cualquier mexicano. El caso del Instituto Federal Electoral no es la excepción. Es una institución joven, que en su escaso tiempo de vida condensa las experiencias de muchas de las instituciones públicas del sistema político mexicano que nacieron para consolidar un sueño de muchas décadas: la democracia nacional. EL IFE representa el transito del control total gubernamental en la organización de las elecciones, en donde el mandamás era la propia secretaria de gobernación, es decir no existía plena independencia y autonomía de decisiones. En comparación con otra que es caracterizada por su autonomía e independencia respecto al gobierno federal; un traslado de la falta de credibilidad total de los actores políticos sobre los órganos electorales, hasta llegar al apoyo certero de los partidos en la institución encargada de organizar las elecciones federales en nuestro país. Más aún, el IFE ha sido capaz de reconstruir el sentido público de una de las instituciones políticas más desacreditadas en el México contemporáneo: las elecciones para elegir a nuestros gobernantes, el espacio privilegiado de participación ciudadana.

La distinción de la transición de elecciones no competitivas, elecciones de estado, candidaturas impuestas y voto corporativo como común denominador a elecciones competitivas y competencia justa y abierta, la cual ha sido impulsora en gran parte el Instituto Federal Electoral el cual logro al paso del tiempo elecciones con control mas no controladas, justas, transparentes, pacíficas y sobre todo democráticas y legales.

Ante el escenario antes propuesto debemos dilucidar como fue que el Instituto Federal Electoral llego a conquistar esos peldaños, su autonomía, como se desafió el poder gubernamental y la inercia que tenía el gobierno al controlar las elecciones.

La idea de simplificar y transparentar cada día más los procesos electorales no es extraño, ante los ciudadanos que cada día más exigen transparencia, legalidad y compromiso por parte de las instituciones del país, la intención por olvidar el pasado doloroso de nuestras instituciones electorales es un buen punto de partida, sin embargo, en esta nueva etapa de construcción de instituciones democráticas al servicio de la sociedad, es importante dar la vista atrás para reconocer nuestro pasado que marca el presente, y que seguramente colocará retos en nuestro camino para el futuro que construiremos.

En este capítulo abordaremos la organización de las elecciones antes del establecimiento del Instituto Federal Electoral, las reformas gestadas en los periodos de 1946 a 1986, la necesaria creación del Instituto Federal Electoral y el origen político social de su creación para el año de 1990, así como las reformas electorales cruciales para garantizar elecciones federales libres y justas

El status y evolución del sistema electoral mexicano

Durante varias décadas el sistema político mexicano estuvo caracterizado y catalogado por grandes pensadores y estudiosos de la materia tanto nacionales como internacionales como un sistema no democrático, pero a pesar de este status impuesto a nuestro sistema y sin llegar a pensarlo aun sobre su reconocido carácter autoritario, el sistema político mexicano gozó de estabilidad política y llevó a cabo elecciones federales y locales sin interrupción desde 1920. Este caso inusual del régimen autoritario con continuidad política y elecciones periódicas puso de manifiesto el papel singular de las elecciones dentro del sistema político mexicano en su conjunto.

En contraste con las democracias liberales, los procesos electorales en México no fueron por mucho el mecanismo más importante para la transferencia del poder, ya que como bien sabemos las decisiones referentes a quien gobernaría, quienes serían los miembros del congreso o representantes sociales, quienes serían los gobernadores ungidos con la venia presidencial, mismas que se tomaban dentro del partido gobernante, de manera que las elecciones constituían básicamente un mecanismo de legitimación de decisiones tomadas con anterioridad. Por el presidente de la república y los dirigentes de su partido, Además, como la competencia tenía lugar dentro del partido dominante, la carencia de procedimientos democráticos para elegir a los gobernantes y el papel *sui generis* de las elecciones no constituían un punto de controversia en la política nacional aunado a la falta de representatividad de los partidos de oposición en ese entonces, los cuales tenían nula presencia nacional.

(Mendez de Hoyos:2000) menciona que los partidos de izquierda veían a las elecciones como un mecanismo "burgués", mientras que el PAN, a la derecha del espectro político-electoral, era el único partido que insistía en la necesidad de construir un sistema político democrático a través de la participación electoral.

Aún a pesar de todo, las elecciones eran de vital importancia para el sistema político en su conjunto, debido a su capacidad para realizar las movilizaciones sectoriales y de la elite partidista, y así mantener y recrear la lealtad hacia el sistema y de esta forma legitimar al gobierno y al partido en turno, por lo tanto las elecciones se concebían como un mecanismo fundamental para la reproducción pacífica y efectiva del sistema político nacional.

El sello característico del régimen político mexicano así como la estabilidad política y la celebración de elecciones periódicas- no fue un resultado fortuito. Por el contrario, fue la consecuencia de una política de reformas electorales puestas en práctica por décadas.

El impacto múltiple de las reformas electorales se explica por la amplia gama de temas y aspectos que generalmente incluían. De hecho, los cambios en las reglas del juego parecían en ocasiones orientados por fines aparentemente contradictorios. Por un lado, se buscaba legitimar al sistema, abriendo la competencia por el poder político a partidos minoritarios, permitiéndoles a su vez escudriñar algunos pasos del proceso electoral.(Medina Luis; 1998)[1]

En el mismo sentido de los comentarios vertidos por Luis Medina se establece que se pretendía reforzar la presencia del partido gobernante, introduciendo mecanismos para controlar los resultados electorales. Pocos dudan que los cambios en las normas electorales frecuentemente respondían a contextos conflictivos específicos o eventos particulares que marcaban la necesidad del partido

---

[1] Medina, Luis, (1978) Evolución electoral en el México contemporáneo, Gaceta informativa de la Comisión federal Electoral, México.

dominante de legitimar el sistema y a los gobernantes en turno en un momento determinado. No es sorprendente entonces que la calidad de los cambios en las reglas electorales de la competencia, desde el punto de vista de su justeza y equidad, fuera en muchos momentos muy pobre, ya que se encontraban las reformas a modo para poder seguir manipulando el sistema electoral mexicano hasta entonces. Las reformas electorales tendieron a ser un magnífico ejemplo de dispositivos incluyentes y excluyentes, combinados dentro de la ley electoral que analizaremos a continuación.

En su carácter excluyente, algunas leyes electorales otorgaban al gobierno el derecho a seleccionar a sus competidores. En donde en algunos casos los competidores eran excluidos de la contienda por la amenaza que representaban a los intereses de los partidos políticos, o por su popularidad o por meras posiciones ideológicas. Por el contrario, los partidos de oposición moderados o paraestatales eran frecuentemente acogidos por el sistema e invitados a participar en la arena electoral. En ciertas circunstancias, el partido dominante también manejaba las reglas para promocionar la participación de partidos de izquierda a fin de, entre otras cosas, legitimar las elecciones como un procedimiento significativo para seleccionar a los gobernantes, aun cuando era un acto meramente simulatorio y de competencia desleal a todas luces como se puede observar. Lo que origino en cierta medida la reforma electoral de 1977.

Esta reforma tuvo un carácter único y fue considerada como el punto de partida de la liberación del campo electoral mexicano con un sello básicamente incluyente. Más aún, a partir de la reforma de 1977, la democratización del sistema político fue presentada por el gobierno como un proceso de cambio centrado en el sistema electoral referente a esta fecha importante se cuenta solo con los datos estadísticos y bibliográficos ya que el autor nacía junto con la misma reforma electoral de 1977.

Al abordar las reformas electorales de los años posteriores a 1977 se puede decir que siguieron esta misma tendencia a combinar medidas auténticamente incluyentes, por tanto democratizadoras, con otras más limitadas, con un carácter regresivo y excluyente. Esto fue posible, entre otras cosas, gracias al casi absoluto predominio del PRI en la contienda electoral y a que los partidos de oposición permanecieron como actores marginales a lo largo de varias décadas. De hecho, durante este tiempo se generó lo que llamo (Paoli Bolio;1985)[2] un "ciclo de competencia limitada". En donde las reglas electorales limitaban la competencia y a la oposición en sus intentos por desafiar al partido dominante (por ejemplo, los partidos de oposición permanecieron débiles y marginales y, en virtud de que carecían de fuerza, no podían cambiar las reglas de la competencia para hacerlas más justas y equitativas y garantizar una competencia efectivamente abierta sobre los puestos públicos, ya que no tenían representatividad, ni fuerza política en la toma de decisiones de las causas importantes del país.

Los ciclos de competencia limitada vieron sus últimos días debido a los drásticos cambios económicos y sociales de los años sesenta y setenta a lo que le dieron un nuevo perfil a la arena política. El proceso de modernización reflejado en niveles crecientes de alfabetismo y urbanización- y una crisis de los canales tradicionales de mediación y de representación impactó los niveles de apoyo al partido gobernante y el papel de las elecciones, que comenzaron a ser vistas como un medio de protesta contra la naturaleza cerrada del sistema político. (Leonardo Valdez; 1993)[3] manifiesta que a principios de los años ochenta, una profunda crisis económica

---

[2] Paoli Bolio, francisco José, (1985) "Legislación electoral y proceso político, 1917-1982", las Elecciones en México. Evolución y Perspectivas, Siglo Veintiuno Editores, Instituto de Investigaciones Sociales de la UNAM, México, pp. 129-162.

[3] Valdés, Leonardo, (1993) Las consecuencias políticas de las reformas electorales en México: 1978-1991, Tesis para obtener el grado de doctor en Ciencias sociales con especialidad en Sociología, El Colegio de México, Centro de estudios Sociológicos, México.

ocasionó un marcado malestar social y el sistema político experimentó un período de inestabilidad. Las elecciones se convirtieron en una fuente de conflicto y los partidos de oposición comenzaron a tener un papel más relevante en la arena electoral, como quedó evidenciado durante las elecciones locales de 1983 y 1986.

Los alegatos de fraude registrados antes y después de las elecciones, y la intensidad creciente de la competencia partidista modificaron gradualmente el papel de los comicios.

Las Reformas Electorales en el periodo de 1946-1986

Es casi un consenso que un año clave en la consolidación de aspectos torales del sistema político mexicano fue 1946. Ese año representó el punto de partida de un fuerte proceso de centralización de las instituciones y fuerzas políticas. Fue también un avance desde el punto de vista de los cambios en el sistema electoral y de partidos. A partir de entonces, ambos sistemas entraron en una etapa avanzada de institucionalización (Valdés, 1993:51), marcando el comienzo de la fase contemporánea del sistema electoral mexicano, a lo cual contribuyeron dos sucesos formativos principales: la transformación del Partido de la Revolución Mexicana (PRM) en Partido Revolucionario Institucional (PRI) y la promulgación de la Ley Electoral Federal de 1946 (Paoli, 1985; Medina, 1978; Valdés, 1993 Molinar, 1987b, 1993; Gómez Tagle, 1988).

Dos aspectos principales explican la relevancia de la Ley Electoral Federal de 1946. Por un lado, dicha ley inició el proceso de centralización de la organización y supervisión de las elecciones federales; en particular, estableció la estructura básica del sistema electoral contemporáneo: las comisiones electorales federales. Por otro, la ley de 1946 inició el uso extensivo de las reformas electorales para influir en el campo electoral y particularmente en la competencia entre partidos, como lo evidencia la ley electoral de 1951.

El impacto de las reformas electorales en el período 1946-1962 se tradujo en una reducción drástica de la pluralidad, en virtud de que estuvieron enfocadas a orientar la competencia al interior del PRI, más que a fortalecer las elecciones mismas y al sistema de partidos. Así el gobierno y el PRI limitaron la competencia a tal grado que, al final de este período, era evidente que las minorías políticas habían sido excluidas de la arena electoral. Las reformas durante este período también tuvieron como resultado el fortalecimiento del control gubernamental sobre la administración electoral, en suma, la conjunción de una competencia limitada, elecciones no competitivas, y el debilitamiento de los partidos de oposición permitieron al gobierno apretar los dispositivos de control del sistema electoral como una fuente de legitimidad para el ejercicio del poder (Molinar;1993).

La instrumentación de una nueva reforma electoral en 1963 estuvo aparentemente relacionada con conflictos políticos crecientes y, en particular, con el desempeño disfuncional de los partidos de oposición, que habían fracasado en su intento por obtener representación en la Cámara de Diputados, bajo el sistema electoral de mayoría que predominó hasta 1962.

El cambio más relevante introducido por la reforma electoral de 1963 consistió en un mecanismo para la representación de las minorías, llamado sistema de diputados de partido.

La reforma de 1963 cambió la fórmula electoral en la Cámara de Diputados y agregó curules de minoría a los de mayorías ya existentes.

La introducción de diputados de partido -creados para revitalizar a la oposición- generó tanto un aumento en el número nominal de candidatos en las elecciones, como una expansión en el número de curules opositores en la Cámara de Diputados. A pesar de ello, el sistema de diputados de partido tuvo efectos negativos muy importantes. Por un lado, según Molinar, se generó un incremento agudo en la sobre representación del PRI y la sub representación de los partidos minoritarios (Molinar, 1993: 83). Por otro lado, el papel de los partidos de oposición se limitó básicamente a competir por un número pequeño y limitado de curules. Como resultado, en vez de representar una amenaza, los partidos de oposición pasaron a constituir las porciones de la Cámara de Diputados que sirvieron para legitimar las elecciones federales.

La reforma electoral de 1973 transformó de manera notable la composición de las comisiones electorales. Por primera vez en el sistema electoral, todos los partidos lograron el derecho a tener representantes con voto en las comisiones electorales federal, estatales y distritales, las cuales se tornaron más equilibradas, en la medida en que el PRI no tenía mayoría directa dentro de ellas.

Pese a las reformas incluyentes de 1963 y 1973, al final del período 1963-1976 había claros indicios del agotamiento del sistema electoral. En áreas urbanas, los partidos de oposición habían comenzado a ganar apoyo y la crisis de representatividad política era evidente a través de sucesos tales como el movimiento de los médicos en 1964, el movimiento estudiantil de 1968, la guerrilla urbana, y la presencia creciente de partidos de izquierda-excluidos del sistema de partidos- y fuerzas políticas emergentes, que representaban una amenaza a la estabilidad del país en la medida en que habían comenzado a usar canales de participación política no institucionales.

El fin de este dramático período estuvo marcado por la elección presidencial de 1976, cuando el candidato del PRI, José López Portillo, no enfrentó contrincante alguno. Los conflictos internos en el PAN le habían impedido nominar un candidato presidencial, mientras que los partidos paraestatales -Partido Popular Socialista (PPS) y el partido Auténtico de la Revolución Mexicana (PARM), apoyaban al candidato del PRI. Este suceso marcó la necesidad urgente de un cambio para abrir la competencia partidista.

De esta última se parte a la reforma electoral de 1977 pretendió cumplir esa tarea. Esta reforma ha sido considerada por muchos analistas como se ha mencionado anteriormente en este trabajo; como el punto de partida del proceso de liberalización política del país, en la medida en que modificó considerablemente el espectro de partidos y sus efectos a largo plazo fueron percibidos en 1988 (Cornelius, 1988; Middlebrook, 1988; Molinar, 1987b, 1993; Valdés, 1993). La reforma de 1977 incidió fundamentalmente en el sistema de partidos y en la competencia electoral, aunque también abrió espacios a los partidos para escudriñar algunas fases de la organización de las elecciones.

El resultado más importante de la reforma de 1977 fue el proceso de apertura de la competencia electoral. La introducción del sistema de representación proporcional dio incentivos a los partidos para participar en las elecciones, y estimuló con ello el aumento gradual de la competitividad electoral, especialmente cuando este sistema se extendió al nivel municipal en 1983. El registro condicionado tuvo el efecto de ampliar el espectro de partidos en las elecciones, permitiendo así la participación de organizaciones de derecha e izquierda que habían sido excluidos de la arena electoral.

A diferencia de la izquierda mexicana, el Partido Acción Nacional respondió de manera impetuosa ante esta reforma de 1977. Después de obtener un duro golpe en el año de 1976, cuando obtuvo 8.5% en la votación nacional, para el año de 1979 Acción Nacional incrementó su porcentaje de votos a 10.8% y para 1982 manejaba el 17.5%. En 1985 se registró una caída pequeña en su porcentaje de votos. Sin embargo, en número de victorias, su avance fundamental se registró a nivel local en las elecciones de 1983.

Para el PRI las elecciones de 1979 representaron el inicio de una tendencia de marcada pérdida de apoyo electoral, de 80.1% en 1970 a 69.7% en las elecciones de 1973 y 1979. La excepción a esta tendencia fue la elección de 1976 cuando obtuvo 80.2%. Sin embargo, a partir de 1979 el PRI no pudo volver a conquistar porcentajes de apoyo electoral del 80% como en el pasado.

Los mayores retos para el PRI se registraron en las elecciones locales de 1983 y la elección federal, que pusieron de manifiesto el apoyo creciente de los partidos de oposición en las ciudades. En 1983 el PAN ganó varias capitales del norte del país, lo cual generó expectativas sobre el futuro de la oposición y la caída de apoyo electoral del PRI. En la elección federal de 1985 este partido ganó casi todas las posiciones en disputa pero, por primera vez, encaró una oposición relativamente fuerte, sobretodo en Sonora y Nuevo León, considerados cotos del PAN.

Para 1986, la administración de Miguel de la Madrid percibió la necesidad de una reforma electoral adicional. La erosión continúa de la base de apoyo del PRI, las conflictivas y mal manejadas elecciones de 1983 y 1985, y la inquietud social ocasionada por el programa económico de austeridad habían estimulado la inestabilidad creciente del sistema electoral y de partidos. A ello se añadían algunos conflictos crecientes que hacían la situación particularmente explosiva: el movimiento urbano popular originado después del sismo de 1985, el movimiento estudiantil de 1986-1987, y los conflicto electorales de San Luis Potosí en 1985 y Chihuahua en 1986, entre otros.

La reforma electoral gestada bajo el mando del Presidente Miguel de la Madrid en 1986, que incluyó cambios a seis artículos de la Constitución y una nueva ley electoral, el Código Federal Electoral (CFE), dio cuenta de la intención del gobierno de enfatizar el control político sobre la arena electoral. Así, el Código le otorgó el control total sobre la administración electoral, asegurándole al PRI la mayoría de votos en todos los órganos electorales y permitiéndole limitar la competencia electoral.

Un cambio positivo incluido en la reforma de 1986 fue relativo a la composición de la Cámara de Diputados. El sistema combinó 300 curules de mayoría con los de representación proporcional, que aumentaron de 100 a 200, de manera que el número de diputados pasó de 400 a 500. Sin embargo, como una manera de contrarrestar la ampliación de la Cámara, la nueva ley permitió al partido mayoritario obtener curules de representación proporcional a fin de lograr una mayoría absoluta, en el caso de no lograrla mediante votos o asientos.

La reforma de 1986 abolió el registro condicionado de partidos, una medida destinada a moderar el surgimiento de partidos promovido por la LFOPPE (Valdés. 1990: 56). El número creciente de partidos había comenzado a crear incertidumbre no solamente en la competencia partidista, sino también en los órganos electorales. La reforma eliminó el problema dando el control de los órganos electorales al partido gobernante y eliminando el registro condicionado.

En suma, en vez de profundizar la liberación del campo electoral iniciada por la reforma de 1977, el Código Federal Electoral de 1986 reforzó los mecanismos para controlar e incluso manipular las elecciones. La implementación de las nuevas reglas electorales en la elección federal de 1988 probó que habían sido diseñadas para un contexto menos conflictivo, una competencia limitada y elecciones no competitivas. Así, el Código Federal Electoral enfrentó dos desafíos: elecciones federales marcadamente competitivas y la carencia de consenso entre los partidos sobre las virtudes de las reglas del juego.

Elección del año 1988 un parteaguas en la democratización del país.

Para la elección federal de 1988 no sólo colocó al fraude y al control gubernamental de las elecciones en el centro de la controversia política nacional, el sentir social de los seguidores de Cuauhtémoc Cárdenas, los detractores y simpatizantes de Salinas de Gortari, incluso los que fuimos gobernados por Manuel Bartlett Díaz, sabemos que esto constituyó un parteaguas para el sistema político en su conjunto.

Por primera vez en el México contemporáneo, la legitimidad del régimen se ponía seriamente en tela de juicio. El porcentaje de votos y el número de curules obtenidos por el PRI en la Cámara de Diputados disminuyó radicalmente, dejándolo sin la mayoría calificada que había caracterizado la presencia del PRI en ese órgano. A la vez, una caída drástica en el apoyo para el PRI en elecciones presidenciales, rodeada de serios alegatos de fraude, dañó gravemente la legitimidad de la Presidencia.

Las elecciones de 1988 fueron un proceso único hasta entonces en la historia de México: las elecciones más cuestionadas de la historia mexicana. El candidato del Partido Revolucionario Institucional, Carlos Salinas de Gortari enfrentaba por primera vez una verdadera competencia con dos candidatos opositores, Cuauhtémoc Cárdenas, ex priista quien había renunciado al partido en protesta con la postulación de Salinas y la política económica del gobierno de Miguel de la Madrid que era postulado por una coalición de izquierda, el Frente Democrático Nacional y Manuel Clouthier del Partido Acción Nacional.

El Secretario de Gobernación y presidente de la Comisión Federal Electoral (CFE), Manuel Bartlett Díaz, anunció que los resultados electorales no podrían ser entregados inmediatamente. El entonces representante del PAN, Diego Fernández de Cevallos, expresó durante la sesión de la comisión después de la visita de los candidatos que el sistema "se cayó", significando que se habían dejado de recibir datos de los distritos.[4]

Cuando los resultados se entregaron, se le otorgó el triunfo a Carlos Salinas de Gortari. Cuauhtémoc Cárdenas y la oposición desconocieron este resultado y demandaron la anulación de las elecciones, realizando multitudinarias manifestaciones que no pudieron impedir la declaración de Salinas como presidente electo por la Cámara de Diputados, donde el PRI tenía una ventaja de apenas 20 diputados frente al conjunto opositor. El gobierno federal siempre sostuvo la legalidad de las elecciones. Salinas tomó posesión de la presidencia, pero Cuauhtémoc Cárdenas y la oposición, que posteriormente dio origen al Partido de la Revolución Democrática, siempre sostuvieron la ilegalidad de su elección.

Los candidatos que participaron en la Elección Presidencial de 1988 y los resultados que obtuvieron según los datos oficiales publicados por la Secretaría de Gobernación fueron los siguientes:

Carlos Salinas de G.	9,641,329	50.36%
Cuauhtémoc Cárdenas S.	5,956,988	31.12%
Manuel J. Clouthier	3,267,159	17.07%

---

[4] De la Madrid me ordenó no informar que Cárdenas iba ganando, asegura Bartlett, debo confesar que en la primera oportunidad que tuve en sus oficinas en México le llegué a preguntarle y su respuesta fue firme como era hasta ese entonces, antes de virar al PT.

Sin duda, 1988 representó el punto de partida de una competencia política mucho más abierta. En esta elección, la competitividad aumentó considerablemente y los partidos de oposición más fuertes fueron capaces de exigir y negociar cambios verdaderamente importantes en las reglas electorales, que, a la vez, sirvieron como una cuña para impulsar modificaciones adicionales en la arena electoral.

La aceptación gradual de reglas electorales más justas desde principios de los noventa significó establecer las condiciones bajo las cuales una competencia genuina era posible.

Mientras que en el pasado la dinámica del campo electoral estaba dirigida al control total de la competencia política, la aprobación e implementación de reglas más justas de la competencia constituyó una condición clave para el aumento en la competitividad. Entre 1990 y 1997 se desarrollaron paralelamente dos procesos: por un lado, las reglas de la competencia cambiaron significativamente, tanto a nivel federal como estatal; por el otro, los grados de competitividad electoral se incrementaron en todo el país. Esta tendencia alcanzó su punto más alto en las elecciones federales del 2 de julio de 2000, cuando por primera vez desde la fundación del PNR-PRM-PRI en la historia del México postrevolucionario se dio la alternancia en la Presidencia de la República y, a su vez, la Cámara de Diputados y la de Senadores, sintetizaron el nuevo panorama político mexicano: la pluralidad, la falta de mayorías absolutas y la negociación como herramienta.

La elección de 1988 provocó una transformación tan radical del sistema de partidos que, durante su mensaje de toma de posesión como Presidente, Carlos Salinas de Gortari anunció el fin de la era del sistema de partido casi único y el inicio de la competencia política intensa. Resultaba evidente que el sistema de partido hegemónico se había colapsado por el incremento abrupto y dramático de la competitividad electoral, superando la estructura legal institucional de la arena política, desafiando el control gubernamental de la administración electoral y generando una crisis importante de credibilidad en los resultados de la elección y legitimidad del sistema político.

Discurso de Carlos Salinas de Gortari

En un contexto marcado por la gradual erosión de la legitimidad del sistema político, el impacto de la elección de 1988 fue crucial, pues representó el momento en que las tendencias electorales de largo plazo se aceleraron y rebasaron la capacidad de ajuste permanente de las reglas electorales, que había sido la fórmula para disminuir el impacto de las tendencias estructurales desfavorables al partido gobernante, y para mantener la estabilidad política en el país. Lo cierto es que, para 1988, resultaba claro que las reglas vigentes para adquirir y ejercer el poder ya no eran legítimas. Mientras el gobierno había apretado su control sobre la administración electoral, los grupos sociales y partidos pugnaban por una apertura adicional del sistema político y por procedimientos electorales transparentes y democráticos. Era evidente entonces que había una discrepancia creciente entre reglas y creencias, y un descontento social con los procesos electorales en general, y los resultados electorales en particular.

Veamos el discurso del entonces Presidente de la República buscando legitimidad:

Discurso de Toma de Posesión de Carlos Salinas de Gortari como Presidente Constitucional de los Estados Unidos Mexicanos.

Diciembre 1, 1988

Honorable Congreso de la Unión;

Mexicanos:

Con emoción y convicción he protestado guardar y hacer guardar la Constitución General de la República y las leyes que de ella emanan.

Conozco las facultades que me otorgan, las ejerceré a plenitud para responder al mandato ciudadano; conozco las limitaciones que la ley me impone y aquellas que la costumbre y la voz popular reclaman de mi conducta, las acataré con civismo; pondré en práctica una presidencia democrática, que respete y fortalezca el equilibrio constitucional de los poderes Legislativo y Judicial; promoveré una eficaz relación con los gobiernos de los estados y municipios, alentando la descentralización de funciones, recursos y actividades; sobre la solidez de las instituciones de la República, la presidencia fincará la conducción del país.

Defenderé siempre con lealtad y patriotismo los intereses supremos de la nación; gobernaré para todos los mexicanos; serviré a mis compatriotas, a todos sin distinción ni preferencia; seré prudente para nunca arriesgar el destino del país; seré decidido para hacer avanzar el bienestar del pueblo; seré firme para hacer valer el orden institucional; cumpliré las promesas de campaña que hice en cada estado y en cada comunidad; habrá congruencia entre mi compromiso como candidato y mi labor como Presidente.

Gobernaré la República con apego indeclinable a los principios y al proyecto de la Revolución; me apoyaré en el gran acervo cultural y político que los mexicanos juntos hemos construido, lo haré inspirado en nuestra grandeza histórica, seguro del vigor nacional, orgulloso de nuestra extraordinaria entereza, confiado en nuestra tenacidad para superar escollos y desafíos, por difíciles y complejos que éstos sean; lo haré con la certeza de que México, por su historia, su dimensión y por calidad de su pueblo, merece ocupar un sitio de mayor fortaleza entre las nacionales del mundo.

Tomo posesión como Presidente de la República en una hora compleja entre la esperanza colectiva y el peso de los sacrificios acumulados, entre la necesidad de construir para el futuro y la premura de realizaciones inmediatas; es éste un momento singular de nuestra historia, cargado de riesgos pero rico en oportunidades, lo asumo con ánimo y optimismo.

Tengo fe en que los vientos del cambio serán favorables, porque nuestro esfuerzo tiene rumbo, nuestro nacionalismo nos da fortaleza; tenemos un proyecto histórico que se ha configurado generación tras generación; cada una respondió a la necesidad de su tiempo; cada una enfrentó sus propios retos; ha sido una tarea que nos ha dado rostro, estatura histórica y una vocación de justicia y libertad.

La Independencia, La Reforma y la Revolución expresan la determinación del pueblo para darse a sí mismo un destino original e instituciones y organizaciones propias; nuestra capacidad de transformación nos ha permitido sortear los más duros embates y adaptarnos contantemente a nuevas realidades; sabemos que nuestros problemas no vienen por el fracaso de nuestro esfuerzo, sino por el tamaño de la adversidad.

Los últimos años han puesto a prueba la solidez del país.

A Miguel de la Madrid le tocó encarar una de las más graves crisis económicas de que tengamos memoria, no han sido estos años de reposo sino de crisis y sacrificio; ante ello, actuó en todos los ámbitos, con patriotismo, responsabilidad y claridad estratégica, no sólo para conjurar los peligros que acecharon al país, sino también y sobre todo, para restablecer y vitalizar la confianza en nosotros mismos y fortalecer nuestra viabilidad histórica.

Miguel de la Madrid nos deja un Estado más eficaz, una economía más sana, libertades intactas y una más vigorosa vida política; nos deja como ejemplo de conducta, las virtudes de su comportamiento: honestidad, tolerancia, temple y serenidad; llega al final del mandato que el pueblo le confirió con el respeto de la mayoría de los mexicanos.

A partir de la resistencia que encabezó, su legado es de profunda renovación, sobre ella fincaremos transformación y progreso.

Avancemos ahora hacia el cambio, la modernización de México es indispensable para poder atender las demandas de los ochenta y cinco millones de mexicanos de hoy, a los que se sumarán diez millones más en los próximos seis años, todos requerirán alimentos, servicios urbanos, vivienda, educación y un modo honesto de vida.

En mi administración, ingresarán al sistema educativo nacional nueve millones de estudiantes

36

adicionales con la legítima esperanza de una mejor calidad de vida que la de sus padres; un millón de jóvenes anualmente aspirará a un empleo digno, a un futuro cierto, a un país soberano y justo; para enfrentar estos retos, necesitamos crecer con equidad, hacer más efectivo al Estado, aumentar la productividad general, desatar la energía de la comunidad, enraizar la participación popular, necesitamos, en pocas palabras, modernizar la política, la economía y la sociedad.

La modernización de México es también inevitable, sólo así podremos afirmar nuestra soberanía en un mundo de profunda transformación.

Hay una revolución científica en marcha, los centros de la dinámica tecnológica, financiera y comercial se alejan de los centros de poder militar.

Se anticipa el fin del conflicto bipolar, empieza a prevalecer la negociación diplomática sobre las soluciones de fuerza, ha terminado la llamada "guerra fría", la competencia se recrudecerá a partir de nuevas tecnologías y costos más bajos, veremos el consecuente desarrollo de relaciones multipolares, las presiones crecerán, la perspectiva internacional es de mayor complejidad y más tensión.

Por eso, la mayoría de los estados nacionales están cambiando sin importar ubicación, ideología, prácticas políticas o el nivel industrial alcanzado; la tendencia mundial es que los estados se reestructuran en busca de mayor fortaleza y capacidad de dirección,

37

no lo hacen por moda o imitación, sino como fórmula para actuar ante la competencia internacional y poder satisfacer las necesidades de sus pueblos.

Cambiaremos para estar en la vanguardia de la transformación mundial.

No se trata de cambiarlo todo sin prudencia, al contrario, con firmeza y decisiones consistentes iremos actuando; lo haremos sin precipitaciones, gradualmente, con profundidad y sin violentar la solidez de nuestra estructura política; haremos cambios que calan en nuestras raíces, evitando fuegos de artificio que no perduran.

Tendremos que promover el cambio en ámbitos muy diversos, pero lo haremos en el cauce de nuestro estado de derecho y tomando en cuenta invariablemente el cuidado de nuestra soberanía y el bienestar del pueblo de México.

Nuestro camino para el cambio será la modernización nacionalista, democrática y popular, será una modernización nacionalista porque reafirma los valores fundamentales que nos dan identidad como mexicanos, porque abre una nueva etapa al proyecto de la revolución, porque tiene el propósito explícito de asegurar nuestras soberanía e independencia y la defensa de nuestros intereses nacionales; será democrática porque la llevaremos a cabo de manera concertada, mediante la participación corresponsable de los ciudadanos, grupos, organizaciones, partidos y sectores, porque está destinada a ampliar los espacios políticos y a crear las vías institucionales que requiere la mayor participación de la sociedad y será una modernización popular, porque tendrá un claro sentido social elevar el bienestar de nuestros compatriotas.

Alentaré y conduciré el esfuerzo de modernización nacional, que respetará nuestras tradiciones y la identidad diversa y múltiple que une a los mexicanos; al transformarnos, no destruiremos nuestro pasado, sino con orgullo, lo preservaremos como bandera de identidad nacional.

Para encauzar los cambios de manera ordenada y lograr que prevalezca el interés general, habremos de modernizar al Estado mexicano; creadas ya las grandes fuerzas sociales, es tiempo de reconocer y alentar el extraordinario potencial de la incitativa comunitaria y la superación personal.

El Estado al inicio del nuevo siglo y del nuevo milenio no puede ni debe intentar ser el único actor, sino el conductor de una sociedad democrática; no el más grande sino el más justo y eficaz; no el más absorbente de la fábrica social, sino el liberador de su enorme energía.

Sin excesos y sin mitos, el Estado moderno debe encontrarse de nuevo con sus principios originales, promotores de la justicia y del cambio, para poder seguir así llamándose revolucionario.

La transformación del Estado mexicano será encuentro con su futuro, no una vuelta nostálgica pero imposible al pasado.

El Estado moderno es aquel que garantiza la seguridad de la nación, y a la vez, da seguridad a sus ciudadanos; aquél que respeta y hace respetar la ley, reconoce la pluralidad política y recoge la crítica, alienta a la sociedad civil, evita que se exacerben los conflictos entre grupos, mantiene transparencia y moderniza su relación con los partidos políticos, con los sindicatos, con los grupos empresariales, con la iglesia, con las nuevas organizaciones en el campo y en las ciudades.

El Estado moderno es aquel que conduce la estrategia nacional de desarrollo, crea las condiciones para un crecimiento sostenido y establece, eleva la eficiencia y fortalece las entidades públicas estratégicas y prioritarias, desincorpora entidades no fundamentales para ampliar su acción en las responsabilidades sociales y explica y fundamenta la razón de estas decisiones, atiende con esmero y como objetivo fundamental el bienestar popular.

El Estado moderno es aquel que no ignora su responsabilidad con los grupos que requieren su apoyo: mujeres trabajadores, infancia desprotegida, adultos pensionados, grupos indígenas, y amplía oportunidades encabezando su defensa.

El bienestar social en el Estado moderno no se identifica con el paternalismo que suplanta esfuerzos o inhibe el carácter; hoy la elevación del nivel de vida sólo podrá ser producto de la acción responsable y mutuamente compartida del Estado y la sociedad.

Vamos a modernizar al Estado mexicano en sus responsabilidades y en sus bases sociales, en sus instituciones políticas y en su quehacer económico, en su contacto y en su cercanía con el pueblo; el Estado será rector efectivo de la modernización de México, pero ésta sólo será posible en la corresponsabilidad de la sociedad y con métodos democráticos.

Somos una sociedad de gran complejidad y no sólo de contrastes.

Lo diverso de la economía, el número y dinámica de la población, el tamaño de nuestra geografía, la variedad de intereses en juego día con día, el mosaico de culturas, hacen que México viva cada reto en proporciones equivalentes a su enorme densidad, por eso, solamente tejiendo esfuerzos de grupos, de sectores, de regiones de individuos todos, alcanzaremos respuestas del tamaño de las aspiraciones individuales y a la amplitud de nuestros desafíos.

Dar impulso y movimiento a la modernización, a la que por voluntad y necesidad acudiremos, nos obliga a la obra conjunta y corresponsable; cada quien debe con tribuir con entusiasmo y compromiso, no hay tarea pequeña ni esfuerzo insuficiente.

Considero indispensable el trabajo de cada uno de mis compatriotas, todos cuentan para la edificación de la grandeza de México.

Ante los retos que enfrentamos por las transformaciones políticas y sociales que ya ocurrieron, y para lograr la modernización y el cambio por la vía institucional, legal y pacífica, propongo a mis compatriotas tres nuevos acuerdos nacionales, lo hago con convicción y de buena fe, reconociendo el reclamo ciudadano; estos tres acuerdos, buscan atender demandas inmediatas y abrir la perspectiva y el horizonte de los mexicanos.

Propongo:

Primero. Un acuerdo nacional para la ampliación de nuestra vida democrática;

Segundo. Un acuerdo nacional para la recuperación económica y la estabilidad, y

Tercero. Un acuerdo nacional para el mejoramiento productivo del bienestar popular.

El momento actual de México es esencialmente político, la nación se ha abierto ya a la imaginación y a la textura de nuestras diferentes ideas sobre cómo debe ser nuestra sociedad; en las instituciones representativas, en las organizaciones nuevas y en transformación, en la perspectiva crítica de los ciudadanos, tenemos un rostro diferente al de México de hace no más de una década; avanzamos hacia un nuevo equilibrio en la vida política nacional, éste no surgió el 6 de julio, se manifestó en esa fecha.

Hay un nuevo México político, una nueva ciudadanía con una nueva cultura política; su expresión reclama cauces transformados; la organización política que tenga la visión, el talento y el coraje para entender los tiempos modernos y actuar en consecuencia, logrará encabezar esta nueva cultura y este nuevo quehacer político, ése es el reto, abordémoslo con optimismo y de cara al futuro.

Ante esta nueva realidad, mi gobierno será de apertura en nuestra vida democrática, para ello propongo un nuevo acuerdo político que fortalezca nuestra unidad y dé cabida a nuestras diferencias, tiene que ser un acuerdo que perfeccione los procedimientos electorales, actualice el régimen de partidos y modernice las prácticas de los actores políticos, comenzando por el propio gobierno.

Mi administración dará respuesta a la exigencia ciudadana de respeto a la pluralidad y efectiva participación; la garantía más urgente en el ámbito político es la transparencia de los procesos electorales.

Comparto esa inquietud ciudadana, garanticemos a todos que su fuerza política cabalmente medida en la libre decisión de los votantes, será contada y reconocida por todas partes; nos urgen confianza, apertura y aceptación a los otros.

El nuevo Código Federal Electoral, tiene partes que significan auténticos avances y otras que han dejado insatisfechos a todos los partidos, incluido el Partido Revolucionario Institucional, además, tácticas preelectorales de algunos opositores y deficiencias en el mecanismo oficial de información no explicadas a tiempo por autoridad competente, contribuyeron a dejar dudas en algunos grupos sobre el resultado de la elección; en esto se montó el engaño que enarbolan hoy algunos opositores y que han aprovechado para levantar una bandera de reivindicación y justificación personal y como táctica de negociación política.

Cada vez es más clara su intención, los invito respetuosamente a que actúen con verdad y honestidad ante sus simpatizantes, ése es el compromiso elemental de un político.

Reconozcamos que hemos vivido una intensa contienda electoral, que representó una nueva experiencia para todos, muestra de que mucho hemos avanzado en nuestra convivencia plural y también de que hay mucho por actualizar y perfeccionar en nuestra vida política.

Tuve contendientes serios, todos comprometidos con México; pasada la contienda democrática, es el tiempo de afianzar la unidad nacional por el camino del diálogo, el respeto y la buena fe, ésa será la actitud de este gobierno en la nueva etapa que hoy iniciamos.

Avanzaremos para ello y para fortalecer transparencia electoral, convoco a la revisión del código vigente.

Estoy decidido a sacar adelante una reforma democrática, he invitado a los partidos políticos al diálogo; aquí ratifico mi invitación, sé que es un asunto que interesa a todas las fuerzas políticas del país, a todos nos corresponde y concierne; trabajemos juntos en esa tarea.

La profundidad y ritmo de la reforma serán consecuencia del grado de consenso que las distintas fuerzas políticas lograremos construir.

Respondamos con talento a la sensibilidad política del pueblo mexicano, que para expresar su angustia ante el deterioro en su nivel de vida, escogió medios institucionales: las urnas y no la confrontación.

Debemos entrar sin más a la modernidad política de México, demos la bienvenida a una vida democrática distinta, más abierta, más rica, con partidos renovados; reconozcamos principalmente la corresponsabilidad que a todos nos toca en este proceso, son tiempos éstos de reconocer la competencia en la política, competencia quiere decir más y no menos responsabilidad de los partidos con sus miembros, con los demás partidos y con la sociedad en su conjunto; competencia que reclama cuidar la respetabilidad, que no el inmovilismo de las instituciones.

La competencia tiene un significado particular para el partido que me impulsó a la presidencia de la República, representa la oportunidad histórica para modernizar al Partido Revolucionario Institucional, renovando prácticas y procedimientos, y fortaleciendo principios y propósitos; la firmeza de su ideología le permite no temer a la negociación ni negociar por temor, al mismo tiempo, no confunde negociación con capitulación o con lo que voz popular llama transa.

La nueva realidad lo obliga a servir mejor a la comunidad, a estar cerca del pueblo, a escuchar su reclamo, a resolver sus demandas; es el partido, que desde el gobierno ha sido en México el instrumento de la paz, el orden y el cambio; por el acicate de la competencia y por la voluntad de sus miembros, estoy seguro que seguirá en la vanguardia de la transformación política de la nación.

El solo cambio político, sin embargo, sería insuficiente; en el estancamiento económico se marchitaría la democracia, la competencia política se tornaría en conflicto social y se frustrarían los propósitos de equidad; sin crecimiento, no hay posibilidad de justicia o de hacer realidad el potencial que tenemos para elevar nuestra calidad de vida; por eso tenemos que volver a crecer.

El pueblo trabajador de México sabe que lo que ha ganado o la que ha protegido, lo ha logrado con su esfuerzo; los mexicanos me han dicho que no esperan soluciones fáciles, lo que reclaman es que los problemas se resuelvan, que se integre con verdad una salida cercana y duradera, saben que no habrá milagros, les aseguro que sí hay esperanza.

El Estado cumplirá con su responsabilidad, atendiendo el gasto social y la productividad de las entidades estratégicas y prioritarias; la inversión pública será clave para la recuperación, no por su monto, sino por su destino; alentaremos la actividad que realicen los particulares y promoveremos las condiciones para que como lo establece la Constitución el sector privado contribuya al desarrollo económico y social.

La población está cansada de la impunidad del delito, de la arrogancia de algunas autoridades, de la no observancia sistemática de la ley por muchos de nuestros conciudadanos; con pleno respeto a su autonomía y dignidad, estableciendo los medios que la Suprema Corte de Justicia de la Nación requiere para que cumpla con su responsabilidad de tribunal constitucional, prestaremos todo el auxilio al Poder Judicial de la Federación; renovaremos las corporaciones policiales del país y reajustaremos severamente su estructura a fin de garantizar control, honestidad y eficacia; combatiremos los delitos con rapidez y con equidad; someteré iniciativa de reformas para elevar las penas sobre los delitos más irritantes.

El pueblo exige acción enérgica, atenderé su reclamo.

El narcotráfico se ha convertido en un grave riesgo para la seguridad de la nación y para la salud de los mexicanos, su combate es ya razón de Estado; crearé en la Procuraduría General de la República dedicada a su exclusivo combate, con más personal y mayor adiestramiento; elevaremos las sanciones por su tráfico, y perseguiremos con energía redoblada a sus promotores, sea quien sea.

Honorable Congreso de la Unión:

Cumpliré con el mandato que me dieron las mayorías del país; para hacerlo, reitero que gobernaré para todos.

Es propio de cada inicio de un nuevo gobierno llamar a la unidad de los mexicanos, porque sabemos que las tareas divididas y encontradas tan sólo consiguen degradar el ánimo y ocultar la esperanza de la sociedad; hoy, el llamado a la unidad es más profundo y más riguroso, es una necesidad de sobrevivencia colectiva, y es por tanto, propósito central de mi gobierno.

Compatriotas, reafirmemos el orgullo de ser mexicanos;

No pidamos que nos den confianza, hay que dársela a México.

No escatimemos nuestro esfuerzo a la nación, hay que entregarlo sin reserva, generosamente y sin condición.

No esperemos soluciones, aportémoslas.

Miremos a los ojos de nuestros hijos y hablémosles con orgullo de lo que fuimos y de los que somos capaces de hacer.

Encabecemos el justo reclamo de los jóvenes por un mejor porvenir.

Recobremos el ánimo, mostremos el optimismo, sigamos dando la lucha con alegría.

México vibra erguido y firme porque tiene ante sí la victoria.

Tengo fe en los mexicanos, presidiré su esfuerzo, defenderé su dignidad, alentaré su emoción.

Constituimos una gran nación; mostrémosla con orgullo ante el mundo.

Frente al desafío, demostremos una vez más en los hechos la grandeza mexicana.

Nuestra patria triunfará.

¡Viva México!

Preguntas y respuestas de Manuel J. Clouthier "en busca de la legalidad".

Manuel J. Clouthier, Septiembre de 1988

¿Es cierto que en el México de hoy los poderes Legislativo y Judicial están completamente supeditados al Ejecutivo? ¿Lo es que la división de los poderes, la soberanía de los Estados, la libertad de los Ayuntamientos y los derechos del ciudadano sólo existen escritos en nuestra Carta Magna? ¿Es cierto que la justicia, en vez de impartir su protección al débil, sólo sirve para legalizar los despojos que comete el fuerte? ¿Lo es que, en la actualidad, los jueces, en vez de ser los representantes de la Justicia, son agentes del Ejecutivo, a cuyos intereses sirven fielmente? ¿Es cierto que las cámaras de la Unión no tienen más voluntad que la del titular del Ejecutivo? ¿Lo es que los gobernadores de los Estados son designados por aquél y ellos a su vez designan e imponen de igual manera a las autoridades municipales?

¿Es cierto que el aparato administrativo, judicial y legislativo obedecen a una sola voluntad cuyo móvil principal es mantener en el poder total a un grupo que, abusando de su influencia, ha convertido los puestos públicos en fuente de beneficios personales?

Si todo esto es cierto, y yo no dudo de que lo es y, sobre todo, el pueblo mexicano opina y siente que lo es, entonces resulta que los cuatro primeros párrafos del Plan de San Luis Potosí -en los que Francisco I. Madero describe la forma de ejercer el poder del general Porfirio Díaz -siguen siendo exactos y que aún no se cumplen los ideales por los que se convocó entonces al pueblo de México a acabar con la dictadura.

Si todo eso es cierto, si las preguntas formuladas arriba a partir de las frases de Madero son respondidas afirmativamente, entonces resulta que los presidentes de México tomados uno por uno, o la Presidencia entendida como una institución, son el porfirismo sexenalizado que, para conservarse como dueño absoluto del poder, cuenta con todo el elemento oficial y se apoya en éste sin escrúpulos, como señala Madero que lo hacía el general Díaz. Y, por tanto, sigue siendo válido luchar porque, en México, el poder público tenga como origen la voluntad respetada del pueblo que no puede ser supeditada a fórmulas llevadas a cabo de un modo fraudulento. Contra el porfirismo sexenal estamos luchando. Junto al pueblo, junto a Madero.

1988 El gabinete paralelo. Manuel J. Clouthier

Diciembre 5 de 1988

El pasado día primero a casi cinco meses de haberse efectuado la elección más fraudulenta en la historia del país, el voto de Miguel de la Madrid impuso a su sucesor. Nosotros en el PAN, por nuestra parte, efectuamos una maravillosa marcha desde el cruce de Reforma e Insurgentes hasta el monumento a Obregón en San Ángel y culminamos explicándole a la ciudadanía el porqué de nuestra invitación a todos los partidos políticos al diálogo.

Por supuesto que empezamos por asentar lo ilegítimo de la elección y toma de poder de Carlos Salinas de Gortari y el licenciado Abel Vicencio Tovar, jefe de la fracción parlamentaria de nuestro partido, en su intervención en la Cámara de Diputados, unos cuantos minutos antes de que Salinas se pusiera la banda presidencial asentó que ese poder era ilegítimo y siempre lo sería hasta la consumación de los siglos. Que lo único que podía hacer el Gobierno "de facto" y transición eran acciones encaminadas al bien común para no provocar el rechazo total del pueblo.

Además anuncié que por autorización expresa de la dirigencia nacional de nuestro partido, formaría un gabinete paralelo (gabinete a la sombra) como le llaman en algunos países, donde esto se acostumbra como Inglaterra.

Mi declaración ha provocado algunas sorpresas, sobre todo en aquellos que la costumbre de vivir en un sociedad paternalista y presidencialista ha mermado su conciencia y se les dificulta entender a las democracias.

Así las cosas, he decidido tratar de explicarles en qué consistirá este ejercicio democrático que estamos iniciando. Empezaré por dejar asentado que semanas antes del 6 de julio, día de las elecciones, anuncié ternas de los posibles candidatos a integrar mi gabinete si el voto me favorecía y, sobre todo, lo más difícil si éste era respetado. Mi criterio, al escoger las personas fue simplemente escoger los mejores. Permítaseme aclarar que los mejores no necesariamente son los que poseen un extenso capital curricular (como dijera Gabriel Zaid) sino aquellos más honestos y congruentes. Por eso no consulté a las personas para mencionar su nombre. Eso haría cuando las circunstancias así lo exigieran. Con beneplácito les digo que salvo dos o tres que por alguna razón se negaron, el resto calló otorgando.

En lo que resta del año hablaré con algunos de los que mencioné antes de integrar el gabinete paralelo cuyas funciones serán:

Criticar las acciones que cometa el actual régimen para que se corrijan sus errores. Entre más crítica es una sociedad más democrática y permeable al cambio que supera se vuelve.

Presentar estudios y proyectos que nos permiten avanzar como nación en forma apresurada y justa; firme y digna.

Integrar su cuerpo de asesores de gente estudiosa y de buena fe para hacer los estudios y sugerencias.

Invitar a la participación ciudadana para tener una sociedad participativa y responsable.

Proporcionar estudios y sugerencias a nuestra fracción parlamentaria ahora que San Lázaro está resucitando al igual que el personaje bíblico.

En el ejercicio democrático que hemos brevemente expuesto estaremos constantemente balanceando el poder. Además demostraremos nuestra capacidad para gobernar y las autoridades permanentemente se sentirán vigiladas.

Si bien es cierto que nuestra idea de integrar el gabinete paralelo no es nueva, también es cierto que ésta se ha visto reforzada al ver algunos de los terribles desaciertos de Salinas al nombrar su gabinete.

Veamos:

Hasta Álvaro Obregón, que era tachado de bárbaro del Norte, puso al ilustre maestro José Vasconcelos en la Secretaría de Educación por la importancia que ésta tiene en la integración de la nación. Me pregunto: ¿que podrá enseñarle Manuel Bartlett a nuestros hijos?

El campo mexicano está urgido de producción y productividad que su desate la energía creadora del productor agrícola dejando de hacer cosa por los campesinos y empezando por hacerlo con ellos. Cuál sería la idea de nombrar a Víctor Cervera Pacheco, probado represor y manipulador de campesinos en la Reforma Agraria. Y Jorge de la Vega Domínguez qué irá a hacer en agricultura. El anterior binomio más que anunciar deseos de hacer productivo el agro y elevar la condición humana del campesino, parece presagio de manipuleo de un sector empobrecido que ha sido educado para votar mas no para producir.

Y qué irá a hacer Patricio Chirinos en la Sedue. Su única experiencia ha sido la grilla política en el PRI, y ahí yo creo que se contamina en lugar de enseñarse a purificar el ambiente.

He numerado algunos de los más graves desaciertos del gabinete de la crisis que vienen a fortalecer la idea de formar frente a éste uno cuya finalidad sea la gesta del bien común y no la preservación de un grupo hegemónico en el poder.

Diciembre 5, 1988

Capítulo 2

Democracia ex -ante y ex -post en la República Mexicana.

Evolución electoral de los 90

En términos generales se observa que la evolución de las reglas de la competencia electoral durante el período 1990-1996 registró un cambio dramático, esto es, una transición significativa desde la reforma de 1990 -que implicó modificaciones verdaderamente importantes pero limitadas a ciertas áreas del proceso electoral- hasta la reforma electoral de 1996, que significó un mejoramiento notable en todos los ámbitos del proceso. Las reformas de este período también representaron el tránsito de reglas que aseguraban al gobierno el control sobre órganos y etapas electorales estratégicas, a la cancelación de la participación y el control gubernamental en la organización de las elecciones. Hoy hay pocas dudas de que las reformas electorales aprobadas después de la elección crítica de 1988 representaron una transformación radical en las reglas de la competencia electoral.

Como puede observarse en el cuadro 1, la calificación total obtenida por las reformas electorales federales en el período 1977-1996 comenzó a aumentar en 1990, cuando la reforma electoral involucró tanto enmiendas a la Constitución, como la promulgación del Código Federal de Instituciones y Procedimientos Electorales (COFIPE). La reforma de 1990 significó un paso decisivo hacia la democratización de la campo electoral y un parteaguas respecto a lo que existía antes.

La ley electoral federal de 1990 fue, sin embargo, una ley de transición, esto es, el punto de partida de una nueva era en el proceso de reforma. El COFIPE estuvo aparentemente diseñado por el gobierno como un dispositivo legal clave para evitar o por lo menos disminuir la posibilidad de ocurrencia de otra elección federal crítica como en 1988. Así, el COFIPE de 1990 mezcló algunas reglas incluyentes verdaderamente significativas con una variedad de reglas excluyentes. Entre estas últimas estaba el dispositivo legal para otorgar al primer partido una mayoría absoluta en la Cámara de Diputados aún en el caso de obtener un porcentaje de votos del 35%, algo difícilmente aceptable para la nueva y fuerte oposición, en una era de mayor competitividad electoral.

El cambio más importante introducido por la reforma electoral de 1990 fue, sin duda, la creación de una nueva entidad autónoma para organizar las elecciones federales: el Instituto Federal Electoral (IFE) que reemplazó a la Comisión Federal Electoral, directamente dependiente del Secretario de Gobernación. A diferencia de lo que sucedía en el pasado, el órgano decisional más importante en el Instituto -el Consejo General- fue diseñado para asegurar que ningún partido tuviera el control mayoritario. Sin embargo, al incorporar la representación proporcional de los partidos de acuerdo a los votos obtenidos, el PRI estuvo en condiciones de fabricar una mayoría. Otro aspecto abierto al debate fue la facultad del Presidente de la

República para nominar a los miembros no partidistas del Consejo General, los Consejeros Magistrados.

El segundo cambio importante introducido por la reforma de 1990 fue la creación de un cuerpo permanente, dentro de la estructura del Instituto, responsable de todas las tareas técnicas y administrativas -la Junta General Ejecutiva. Aunque según el COFIPE de 1990 la mayoría de sus altos funcionarios eran designados indirectamente por el Secretario de Gobernación, la creación de un cuerpo administrativo claramente identificado constituyó un avance de suma importancia. Con ello, la reforma de 1990 hizo pública la existencia de la estructura encargada de la administración electoral, que había sido una pieza clave del control gubernamental sobre las elecciones. Recordemos que hasta 1988 la administración de los comicios era dominada por el Secretario de Gobernación, por lo que el personal responsable de administrar las elecciones no rendía cuentas a los partidos, sino al gobierno mismo. La relevancia de las actividades efectuadas por la instancia encargada de la administración electoral explica por qué el gobierno trató de mantener el control sobre ella en la reforma de 1990 e incluso después.

En suma, la reforma electoral federal de 1990 introdujo modificaciones claves que representaron la cuña que permitió, posteriormente, la realización de cambios adicionales sustantivos. Las transformaciones aprobadas en 1990 significaron un parteaguas respecto al pasado, pero eran sólo un pequeño paso hacia el establecimiento de elecciones más justas y libres. En otras palabras, la ley aprobada en la reforma abrió la puerta para romper el control gubernamental sobre las elecciones, pero estuvo lejos de establecer las condiciones que garantizaban elecciones federales libres y justas. La escasa legitimidad lograda por el COFIPE de 1990, aprobado sin el consenso de los tres partidos más importantes, y su cuestionamiento en las elecciones de 1991, llevaron a una nueva reforma en 1993. Como puede verse en el cuadro 1, esta nueva ley obtuvo una calificación de 9 de un total de 19 puntos de los Criterios Ajustados para Elecciones Libres y Justas, y no es difícil entender por qué uno de los cambios más importantes de la reforma de 1993 fue la introducción de límites al control gubernamental sobre la estructura administrativa electoral del Instituto Federal Electoral. Las nuevas reglas implicaron el tránsito de un nombramiento casi discrecional de los altos funcionarios de la Junta General Ejecutiva, a un proceso de selección más abierto, sujeto al consenso de los miembros del Consejo general. Además, el papel del Instituto se fortaleció, en la medida en que se constituyó en la autoridad electoral final para avalar la legitimidad de la elección de los miembros del Congreso, sustituyendo a los Colegios Electorales integrados por los propios miembros electos del Congreso.

En este sentido podemos advertir que la reforma de 1993 estableció por primera vez límites en los gastos de campaña. Este cambio representó un reconocimiento de las condiciones desiguales de la competencia que habían predominado por décadas y abrió la posibilidad de hacer campaña en condiciones más justas. Dos modificaciones adicionales hicieron de la reforma de 1993 una transformación importante de las reglas electorales. Por un lado, los cambios en el método para seleccionar a los funcionarios de casilla. Se introdujo un proceso aleatorio de selección a fin de garantizar la imparcialidad de los funcionarios electorales, la secrecía del voto durante la jornada y la confianza en el conteo y validación de los votos. Por otro lado, la introducción de observadores electorales nacionales, lo que implicó un giro drástico en la posición inicial del gobierno. La autorización de los observadores electorales generó confianza en los partidos y las organizaciones no gubernamentales respecto a la transparencia del proceso electoral.

El escenario violento que surgió en los primeros días de 1994 impidió que la reforma de 1993 fuera probada en la elección presidencial del siguiente año. La nueva reforma electoral fue, a juzgar por muchos analistas, la respuesta al contexto explosivo creado por el levantamiento armado en Chiapas en enero de 1994 (Prud'homme, 1996; Alcocer, 1995; Carpizo, 1995; Molinar, 1994).[5]

La reforma electoral de 1994 representó un cambio cualitativo de enormes proporciones. El carácter único de esta reforma se debió no sólo a su agenda particularmente amplia, sino sobre todo a la estructura innovadora para la negociación entre partidos. En los Acuerdos para la Paz, la Democracia y la Justicia, los partidos se comprometieron a alcanzar acuerdos bajo el consenso, utilizándolo como el método clave de adopción de medidas entre partidos (Carpizo, 1995:16).

Respecto a su contenido, la reforma electoral federal de 1994 representó una transición dramática en las reglas del campo electoral y la transformación en la dinámica del sistema de partidos.

La modificación más importante introducida por la reforma de 1994 fue la nueva composición del Consejo General y los consejos locales y distritales, porque por primera vez el gobierno no controló a la más alta autoridad electoral federal en el país. Este cambio, bautizado como la ciudadanización de las autoridades electorales, tuvo dos aspectos relevantes. Por un lado, la inclusión de ciudadanos no partidistas como consejeros, a quienes les fue otorgada la mayoría de votos dentro del Consejo General. De acuerdo a las nuevas reglas, estos eran nombrados por el voto de las dos terceras partes de la Cámara de Diputados, sin la intervención del Presidente de la República. Por otra parte, la pérdida del voto de los representantes de los partidos en el Consejo General. Esto es, los partidos

---

[5] En el año de 1994 se levanta en armas el Movimiento del Ejercito Zapatista en Chiapas.

mantuvieron el derecho a nombrar representantes, quienes fueron facultados con derecho a voz pero no a voto dentro del Consejo.[6]

Estos cambios en los órganos de toma de decisiones aprobados en 1994 sintetizaron el tránsito en el proceso de organización de las elecciones. Por más de cinco décadas, el partido gobernante había decidido la manera en que las elecciones eran organizadas y hasta manipuladas. En contraste, los partidos, que habían sido juez y parte del proceso electoral, en 1994 perdieron incluso el voto directo del Consejo General, y se veían forzados a entrar en un proceso más complejo de negociación política.

Otra transformación relevante en la administración electoral fue el relevo de los funcionarios electorales, a fin de garantizar su imparcialidad en la organización de las elecciones y la confianza de los partidos en la transparencia del proceso electoral en su conjunto. Además, varias medidas fueron instrumentadas para asegurar la integridad del conteo de votos y para impedir el voto múltiple, tales como la auditoría al padrón electoral, que fue el centro de una de las controversias que había perdurado por varias décadas: la confiabilidad del registro del padrón electoral.

Aparte de todos los acuerdos formales entre los partidos involucrados en las negociaciones de la reforma de 1994, que derivó en cambios considerables a la Constitución y a la ley secundaria, los acuerdos informales fortalecieron el carácter único de la reforma de 1994. La mayoría de estos acuerdos informales representaron cambios administrativos implementados por el Instituto Federal Electoral y el gobierno. Uno de los más importantes fue el Código de Conducta firmado por todos los partidos, en el que acordaron respetar los acuerdos, las nuevas reglas derivadas de los mismos y

---

[6] Quizá a mi parecer, este sea el Consejo General mejor dotado, ya que contaba con grandes intelectuales con cierta lejanía partidista, nada a lo que vemos en el actual IFE, salvo honrosas excepciones.

promover un proceso electoral pacífico. La reforma de 1994 fue, evidentemente, diseñada para alcanzar la confianza de los partidos ante todo, pero también para aumentar la credibilidad de la sociedad en los comicios.

Las elecciones de 1994 fueron reconocidas por la mayoría de los partidos por su legalidad y tranquilidad, pero no por su equidad, y algunos cuestionaron incluso su transparencia. Pese a ello, la mayoría de los observadores nacionales e internacionales señalaron que las irregularidades observadas durante la elección no cambiaban sus resultados finales. Así la carencia de confianza total en la equidad de la elección de 1994 dejó claro que había todavía una brecha por cerrar. Después de la elección surgió un nuevo interés centrado en los puntos pendientes de la reforma, entre ellos la autonomía total de las autoridades electorales; las condiciones de la competencia y el impacto de tales condiciones sobre los resultados de la elección; la adjudicación de disputas y la autonomía total del Tribunal Federal Electoral; la fórmula para integrar la Cámara de Diputados, evitando la sobrerrepresentación del partido mayoritario y la subrepresentación del resto; la introducción de la representación proporcional en la Cámara de Senadores y la apertura de la campo electoral a organizaciones no partidistas.

En este contexto, el Presidente Ernesto Zedillo llamó, en su mensaje de toma de posesión, a una reforma electoral definitiva para terminar el proceso cíclico de reformar las reglas de la competencia electoral, y pidió a los partidos que hicieran un esfuerzo para construir un nuevo código ético entre contrincantes. Como resultado de ello, en enero de 1995 los partidos representados en el Congreso firmaron el Acuerdo Político Nacional para promover un debate nacional hacia una reforma política que transformara las relaciones entre los poderes Ejecutivo, Legislativo y Judicial. Finalmente, después de 18 meses, los partidos alcanzaron un acuerdo, y la reforma de 1996, aprobada casi por consenso, incluyó nuevamente cambios y enmiendas constitucionales y al código electoral. Aunque durante el proceso de negociación y aprobación de los cambios constitucionales el PRD apoyó la reforma, este partido no suscribió las modificaciones a la ley electoral, debido a algunos desacuerdos sobre la regulación de las coaliciones y el financiamiento de los partidos.[7]

La reforma electoral federal de 1996 representó el episodio final de un largo y complejo proceso de negociación entre partidos, y entre ellos y el gobierno para redefinir las reglas de la competencia. Esta reforma terminó con la participación y control gubernamental en el proceso de organización de las elecciones federales que se había mantenido por varias décadas. Por primera vez en la historia de las elecciones en México, el gobierno cedió el dominio sobre la administración electoral y aceptó no estar ni siquiera representado con voz en los órganos electorales más importantes. Estos cambios de largo alcance se reflejaron en la calificación que alcanzó la reforma de 1996, según los Criterios Ajustados para Elecciones Libres y Justas. Como puede observarse en el cuadro 1 ésta logró 18 de un toral de 19 puntos posibles.

El cambio más importante derivado de la reforma de 1996 fue, indudablemente, la nueva composición del Consejo General del Instituto Federal Electoral. Como resultado de la reforma, el representante del Poder Ejecutivo fue excluido del Consejo, y los representantes del Poder Legislativo perdieron su voto, aunque mantuvieron la prerrogativa de ser miembros del Consejo General con derecho a voz. Los representantes de los partidos políticos permanecieron como parte del Consejo pero sin derecho a voto, como se había aprobado desde 1994. Finalmente, sólo los miembros no partidistas del Consejo General "los Consejeros Electorales" mantuvieron voz y voto dentro del mismo, incluso sus facultades se ampliaron y por primera vez se establecieron comisiones especiales conducidas por dichos Consejeros, con el fin de evaluar el desempeño

---

[7] *http://zedillo.presidencia.gob.mx/pages/disc/dic94/01dic94-2.html*

de los directivos responsables de la administración electoral. Además, de acuerdo a las nuevas reglas aprobadas en 1996 estos altos funcionarios miembros de la Junta General Ejecutiva tenían que ser propuestos y aprobados por el voto de las dos terceras partes de los miembros del Consejo General, lo que representó un paso decisivo hacia la imparcialidad del personal responsable de administrar las elecciones.

Una modificación de suma importancia fue la creación de un cuerpo totalmente independiente para dirimir las disputas. A diferencia de su antecesor, el nuevo Tribunal Electoral pasó a ser parte del Poder Judicial de la Federación, lo que fue visto como un avance considerable en la lucha por asegurar la aplicación imparcial de la ley en la arena electoral.

Finalmente, es importante mencionar que la reforma de 1996 fue ampliamente reconocida como la reforma que marcó el punto de partida para garantizar condiciones más justas en la competencia entre partidos. Los cambios en materia de financiamiento a los partidos, el acceso a medios de comunicación y los gastos de campaña representaron un avance importante respecto a leyes previas, que habían tendido a reproducir la posición hegemónica del partido gobernante.

Un requerimiento impidió a esta reforma obtener los 19 puntos posibles en los Criterios Ajustados para Elecciones Libres y Justas, a saber, la eliminación de las restricciones en candidaturas, las actividades partidistas y el derecho a realizar campañas políticas. Según las consideraciones de los criterios originales -Criteria for Free and Fair Elections- algunos obstáculos técnicos a la participación política efectiva de los ciudadanos incluyen la nominación de los candidatos por un partido político, el registro de los partidos políticos, y el umbral para lograr representación en los órganos de gobierno (Goodwin, 1994: 53). Desde 1946 todas las leyes electorales en nuestro país han incluido los tres tipos de restricciones mencionados. Es más, la reforma de 1996 elevó el umbral que debe ser obtenido por un partido para mantener su registro de 1.5% a 2% del voto nacional y eliminó el registro condicionado que permitía a los partidos participar en las elecciones condicionando su registro a la obtención del voto, en vez de probar el número y distribución geográfica de sus miembros.

A pesar de esta restricción sobre el acceso de los partidos a la arena electoral, hay pocas dudas de que la reforma de 1996 fue mucho más lejos que cualquier otra en el pasado para transformar el sistema electoral en su conjunto, y moverlo hacia elecciones más justas y libres.

Las elecciones federales intermedias de 1997 para elegir diputados federales constituyeron la prueba de las reformas de 1996. La aceptación general de la transparencia y legalidad de la elección de 1997 permitieron que, a diferencia de años anteriores, se validara el marco legal vigente, escapando, por primera vez en muchos años, a la tentación de realizar otra reforma electoral después de los comicios y justo antes de los siguientes. Esto permitió que, sobre la base del andamiaje legal aprobado en 1996 y la experiencia de la operación de las nuevas reglas del juego en 1997, se pusiera en marcha un plan para ajustar la estructura interna y los procedimientos estratégicos del Instituto Federal electoral, para dejarla lista y aceitada para las elecciones del año 2000.

Con relación a los resultados, la elección de 1997 representó la consolidación de la tendencia de un crecimiento acelerado de la competitividad electoral observada desde 1988. La caída del PRI, tanto en votos como en curules, fue más drástica que nunca y llegó a su punto más bajo en décadas, de manera que por primera vez en su historia, perdió la mayoría en la Cámara de Diputados, un número importante en la Cámara de Senadores, la primera elección del Jefe de Gobierno en el Distrito Federal y todas las diputaciones de la Asamblea Legislativa del DF. El fortalecimiento del PAN y el PRD permitieron inaugurar una importante etapa de consolidación del nuevo sistema político en México.

El IFE en el año 2000

Después de la elección federal intermedia de 1997 y en un ambiente favorable, producto de la aceptación de los resultados electorales y del buen desempeño del Instituto Federal Electoral, fue posible iniciar un proceso de profundos cambios internos a fin de preparar a la institución para el gran reto del 2 de julio de 2000: organizar elecciones federales transparentes, justas, libres y democráticas, con resultados electorales incuestionables.

Con ese propósito, se realizaron modificaciones con objetivos no fácilmente compatibles entre sí: lograr la consolidación de la credibilidad y la confianza de los actores políticos relevantes en el IFE y, a su vez, fortalecer su estructura ejecutiva y de dirección para incrementar la eficiencia y eficacia en sus funciones. En un contexto de alta competitividad electoral, fue necesario establecer un número creciente de candados, creados a petición de los actores más reticentes a depositar su confianza en la institución. Dichos candados, costosos en términos organizacionales y económicos, junto con los cambios internos constituyeron, en gran medida, la plataforma que marcó la diferencia del IFE del 2000 con su antecesor en 1994 y 1997.

Una característica distintiva fue el contexto de alta competitividad electoral que caracterizó al campo electoral mexicano desde fines de los años ochenta y la década de los noventa. Esta tendencia, que inició marcadamente en 1988, y se aceleró en 1994 y 1997 a nivel federal, también se presentó en las contiendas estatales. El resultado más contundente de este nuevo panorama electoral fue, sin duda, la plural composición de las Cámaras de Diputados Federal y Locales y la alternancia en las presidencias municipales e incluso un número creciente de gubernaturas. Para el año 2000 la competitividad era mucho mayor que en las últimas dos elecciones federales, de manera que en un contexto más exigente, el Instituto Federal Electoral se vio obligado a mejorar su labor de organización electoral y conciliación de intereses.

El proceso electoral en su conjunto estuvo basado en las garantías estructurales y procedimentales derivadas de la reforma de 1996, a partir de la cual el Instituto se constituyó como un órgano plenamente autónomo, ciudadanizado e independiente del gobierno.

Esto es, el Consejo General del IFE[8] estuvo constituido por ciudadanos no partidistas, nombrados por las dos terceras partes de la Cámara de Diputados; y a la vez, la Junta General Ejecutiva y la Secretaría Ejecutiva estuvieron integrados por profesionales conocedores de sus materias, nombrados por dicho Consejo. A ello se añade que, en la toma de decisiones, sólo los Consejeros Electorales[9] tuvieron voz y voto, quienes sin embargo, en todo momento escucharon y atendieron las preocupaciones partidistas, Es decir, a la ciudadanización del máximo órgano electoral, se añaden la presencia y escrutinio permanente en prácticamente todos los pasos, procesos y proyectos relevantes del Instituto de los representantes de los partidos políticos.

Respecto a la estructura organizacional del Instituto, en 1999 se llevó a cabo una reestructuración de todas las direcciones ejecutivas, que implicó la reducción sustantiva de las mismas. Adicionalmente, se realizó una simplificación administrativa que, entre otras cosas, implicó llevar a cabo un amplio proceso de descentralización en el ejercicio de los recursos presupuestales dentro de un marco de mayor control presupuestal. Así, los distritos electorales, considerados como el frente de batalla, se convirtieron en los actores del ejercicio del presupuesto. Todo ello con el propósito de realizar un ejercicio más eficiente y eficaz de los recursos escasos.

Finalmente, la existencia del Tribunal Electoral del Poder Judicial de la Federación marcó, por primera vez en la historia del país, la determinación de realizar la calificación de la elección presidencial y el manejo de las controversias en materia electoral fuera del ámbito político partidista.

A ello se añadió la operación transparente de los tres cambios sustantivos aprobados en 1996 respecto a un aspecto crucial en cualquier elección: las condiciones de la competencia. Como resultado de la reforma de 1996, en la elección de 2000 se logró una distribución más equitativa del financiamiento público a los partidos.

---

[8] Máximo órgano de decisión

[9] Representantes no partidistas

Asimismo, los medios de comunicación, particularmente los noticiarios de radio y televisión realizaron una cobertura y tratamiento noticioso mucho más equitativo. Destaca también, el reforzamiento de los mecanismos de control del gasto electoral.

Así, con el propósito de lograr la confianza definitiva de los actores políticos y sociales relevantes en el país en cada uno de los pasos cruciales del proceso electoral, se perfeccionaron los candados legales, reglamentarios y de logística electoral, todos ellos orientados a garantizar el sufragio efectivo, libre y directo. Entre ellos destacan el método de doble sorteo para elegir a los ciudadanos funcionarios de las mesas directivas de casillas; la elaboración de las boletas electorales infalsificables y resguardadas por el ejército y personal del Instituto; el amplio proceso de credencialización, la vigencia y seguimiento permanente de la actualización del padrón electoral por parte de los partidos, y la credencial para votar y la lista nominal de electores con la fotografía de los ciudadanos; la utilización de líquido totalmente indeleble; la extensa cobertura de más del 90% de las 113 mil casillas por los representantes de los tres principales partidos; el derecho de los representantes partidistas a recibir una copia del acta de escrutinio; el elevado número de observadores nacionales y visitantes extranjeros que acudieron a vigilar las elecciones; y el diseño e implementación del Programa de Resultados Preliminares (PREP), con la vigilancia de los partidos y utilizando tecnología de punta para garantizar la oportuna entrega de los resultados de cada casilla desde la misma noche de la elección.

Finalmente, en la lucha contra la venta y coacción del voto, tipificado como delito en el Código Penal, el Instituto firmó convenios con la Procuraduría General de la República (PGR) -autoridad competente en la persecución de delitos electorales- y promovió extensas campañas para promover el voto libre y secreto.

Todos estos candados y modificaciones internas descritas anteriormente permitieron al Instituto Federal Electoral llegar a las elecciones del 2 de julio como una institución consolidada, reconocida por los actores políticos y los ciudadanos como una organización capaz de organizar elecciones libres, justas, transparentes y democráticas para ir en busca de los puntos posibles en los Criterios Ajustados para Elecciones Libres y Justas, que a continuación damos debida cuenta:

Declaration on Criteria for Free and Fair Elections

Unanimously adopted by the Inter-Parliamentary Council at its 154th session (Paris, 26 March 1994)

The Inter-Parliamentary Council,

Reaffirming the significance of the Universal Declaration of Human Rights and the International Covenant on Civil and Political Rights which establish that the authority to govern shall be based on the will of the people as expressed in periodic and genuine elections,

Acknowledging and endorsing the fundamental principles relating to periodic free and fair elections that have been recognized by States in universal and regional human rights instruments, including the right of everyone to take part in the government of his or her country directly or indirectly through freely chosen representatives, to vote in such elections by secret ballot, to have an equal opportunity to become a candidate for election, and to put forward his or her political views, individually or in association with others,

Conscious of the fact that each State has the sovereign right, in accordance with the will of its people, freely to choose and develop its own political, social, economic and cultural systems without interference by other States in strict conformity with the United Nations Charter,

Wishing to promote the establishment of democratic, pluralist systems of representative government throughout the world,

Recognizing that the establishment and strengthening of democratic processes and institutions is the common responsibility of governments, the electorate and organized political forces, that periodic and genuine elections are a necessary and indispensable element of sustained efforts to protect the rights and interests of the governed and that, as a matter of practical experience, the right of everyone to take part in the government of his or her country is a crucial factor in the effective enjoyment by all of human rights and fundamental freedoms,

Welcoming the expanding role of the United Nations, the Inter-Parliamentary Union, regional organizations and parliamentary assemblies, and international and national non-governmental organizations in providing electoral assistance at the request of governments,

Therefore adopts the following Declaration on Free and fair Elections, and **urges** Governments and Parliaments throughout the world to be guided by the principles and standards set out therein :

1. Free and Fair Elections

In any State the authority of the government can only derive from the will of the people as expressed in genuine, free and fair elections held at regular intervals on the basis of universal, equal and secret suffrage.

2. Voting and Elections Rights

(1) Every adult citizen has the right to vote in elections, on a non-discriminatory basis.

(2) Every adult citizen has the right to access to an effective, impartial and non-discriminatory procedure for the registration of voters.

(3) No eligible citizen shall be denied the right to vote or disqualified from registration as a voter, otherwise than in accordance with objectively verifiable criteria prescribed by law, and provided that such measures are consistent with the State's obligations under international law.

(4) Every individual who is denied the right to vote or to be registered as a voter shall be entitled to appeal to a jurisdiction competent to review such decisions and to correct errors promptly and effectively.

(5) Every voter has the right to equal and effective access to a polling station in order to exercise his or her right to vote.

(6) Every voter is entitled to exercise his or her right equally with others and to have his or her vote accorded equivalent weight to that of others.

(7) The right to vote in secret is absolute and shall not be restricted in any manner whatsoever.

3. Candidature, Party and Campaign Rights and Responsibilities

(1) Everyone has the right to take part in the government of their country and shall have an equal opportunity to become a candidate for election. The criteria for participation in government shall be determined in accordance with national constitutions and laws and shall not be inconsistent with the State's international obligations.

(2) Everyone has the right to join, or together with others to establish, a political party or organization for the purpose of competing in an election.

(3) Everyone individually and together with others has the right:

- To express political opinions without interference;
- To seek, receive and impart information and to make an informed choice;
- To move freely within the country in order to campaign for election;
- To campaign on an equal basis with other political parties, including the party forming the existing government.

(4) Every candidate for election and every political party shall have an equal opportunity of access to the media, particularly the mass communications media, in order to put forward their political views.

(5) The right of candidates to security with respect to their lives and property shall be recognized and protected.

(6) Every individual and every political party has the right to the protection of the law and to a remedy for violation of political and electoral rights.

(7) The above rights may only be subject to such restrictions of an exceptional nature which are in accordance with law and reasonably necessary in a democratic society in the interests of national security or public order (ordre public), the protection of public health or morals or the protection of the rights and freedoms of others and provided they are consistent with States' obligations under international law. Permissible restrictions on candidature, the creation and activity of political parties and campaign rights shall not be applied so as to violate the principle of non-discrimination on grounds of race, colour, sex, language, religion, political or other opinion, national or social origin, property, birth or other status.

(8) Every individual or political party whose candidature, party or campaign rights are denied or restricted shall be entitled to appeal to a jurisdiction competent to review such decisions and to correct errors promptly and effectively.

(9) Candidature, party and campaign rights carry responsibilities to the community. In particular, no candidate or political party shall engage in violence.

(10) Every candidate and political party competing in an election shall respect the rights and freedoms of others.

(11) Every candidate and political party competing in an election shall accept the outcome of a free and fair election.

4. The Rights and Responsibilities of States

(1) States should take the necessary legislative steps and other measures, in accordance with their constitutional processes, to guarantee the rights and institutional framework for periodic and genuine, free and fair elections, in accordance with their obligations under international law. In particular, States should:

- Establish an effective, impartial and non-discriminatory procedure for the registration of voters;
- Establish clear criteria for the registration of voters, such as age, citizenship and residence, and ensure that such provisions are applied without distinction of any kind;
- Provide for the formation and free functioning of political parties, possibly regulate the funding of political parties and electoral campaigns, ensure the separation of party and State, and establish the conditions for competition in legislative elections on an equitable basis;
- Initiate or facilitate national programmes of civic education, to ensure that the population are familiar with election procedures and issues;

(2) In addition, States should take the necessary policy and institutional steps to ensure the progressive achievement and consolidation of democratic goals, including through the establishment of a neutral, impartial or balanced mechanism for the management of elections. In so doing, they should, among other matters:

- Ensure that those responsible for the various aspects of the election are trained and act impartially, and that coherent voting procedures are established and made known to the voting public;
- Ensure the registration of voters, updating of electoral rolls and balloting procedures, with the assistance of national and international observers as appropriate;
- Encourage parties, candidates and the media to accept and adopt a Code of Conduct to govern the election campaign and the polling period;
- Ensure the integrity of the ballot through appropriate measures to prevent multiple voting or voting by those not entitled thereto;
- Ensure the integrity of the process for counting votes.

(3) States shall respect and ensure the human rights of all individuals within their territory and subject to their jurisdiction. In time of elections, the State and its organs should therefore ensure:

- That freedom of movement, assembly, association and expression are respected, particularly in the context of political rallies and meetings;
- That parties and candidates are free to communicate their views to the electorate, and that they enjoy equality of access to State and public-service media;
- That the necessary steps are taken to guarantee non-partisan coverage in State and public-service media.

(4) In order that elections shall be fair, States should take the necessary measures to ensure that parties and candidates enjoy reasonable opportunities to present their electoral platform.

(5) States should take all necessary and appropriate measures to ensure that the principle of the secret ballot is respected, and that voters are able to cast their ballots freely, without fear or intimidation.

(6) Furthermore, State authorities should ensure that the ballot is conducted so as to avoid fraud or other illegality, that the security and the integrity of the process is maintained, and that ballot counting is undertaken by trained personnel, subject to monitoring and/or impartial verification.

(7) States should take all necessary and appropriate measures to ensure the transparency of the entire electoral process including, for example, through the presence of party agents and duly accredited observers.

(8) States should take the necessary measures to ensure that parties, candidates and supporters enjoy equal security, and that State authorities take the necessary steps to prevent electoral violence.

(9) States should ensure that violations of human rights and complaints relating to the electoral process are determined promptly within the timeframe of the electoral process and effectively by an

independent and impartial authority, such as an electoral commission or the courts. [10]

[10] Adoptado unánimemente por el consejo interparlamentario en su 154a sesión

(París, 26 de marzo de 1994) el consejo interparlamentario,

reafirmando la significación del declaración universal de derechos humanos y el convenio internacional en las derechas civiles y políticas que establecen que la autoridad a gobernar será basada en la voluntad de la gente según lo expresado en elecciones periódicas y genuinas,

reconociendo y endosando los principios fundamentales referente a las elecciones libres y justas periódicas que han sido reconocidas por el estado en instrumentos universales y regionales de los derechos humanos, incluyendo la derecha de cada uno de participar en el gobierno de su país directamente o indirectamente a través de representantes libremente elegidos, votar en tales elecciones por la balota secreta, tener oportunidad igual de hacer un candidato a la elección, y de proponer sus opiniones políticas, individualmente o en asociación con otras,

consciente del hecho de que cada estado tiene la derecha soberana, de acuerdo con la voluntad de su gente, de elegir y de desarrollar libremente sus propios sistemas políticos, sociales, económicos y culturales sin interferencia por otros estados en conformidad terminante con la carta de Naciones Unidas,

deseando promover el establecimiento de democrático, sistemas del pluralismo del gobierno representativo a través del mundo,

reconociendo que el establecimiento y la consolidación de procesos y de instituciones democráticos es la responsabilidad común de gobiernos, el electorado y las fuerzas políticas organizadas, que las elecciones periódicas y genuinas son un elemento necesario e imprescindible de esfuerzos sostenidos de proteger las derechas y los intereses del haber gobernado y de ése, como cuestión de experiencia práctica, la derecha de cada uno de participar en el gobierno de su país es un factor crucial en el disfrute eficaz por todos los derechos humanos y libertades fundamentales,

dando la bienvenida al papel que se amplía de los Naciones Unidas, a la unión interparlamentaria, a organizaciones regionales y a las asambleas parlamentarias,

1. Elecciones libres y justas

en cualquier estado que la autoridad del gobierno pueda derivar solamente de la voluntad de la gente según lo expresado en genuino, libremente y las elecciones justas celebradas en los intervalos regulares en base de sufragio universal, igual y secreto.

2. La votación y las elecciones endereza

(a 1) cada adulto que el ciudadano tiene la derecha de votar en elecciones, sobre una base no discriminatoria.

(2) Cada ciudadano del adulto tiene la derecha de tener acceso a un procedimiento eficaz, imparcial y no discriminatorio para el registro de votantes.

(3) No se negará la derecha de votar ni será descalificado ningún ciudadano elegible del registro como votante, si no que de acuerdo con los criterios objetivo comprobables prescritos por la ley, y a condición de que tales medidas son constantes con las obligaciones del estado bajo derecho internacional.

(4) Darán derecho cada individuo que se niega la derecha de votar o de ser colocado como votante a abrogar a una jurisdicción competente repasar tales decisiones y corregir errores puntualmente y con eficacia.

(5) Cada votante tiene la derecha de igualar y acceso eficaz a una estación de la interrogación para ejercitar la su derecha de votar.

(6) Dan derecho cada votante a ejercitar la su derecha igualmente con otras y a tener su peso equivalente acordado voto a el de otros.

(7) La derecha de votar en secreto es absoluta y no será restringida de ninguna manera cualesquiera.

3. La candidatura, el partido y la campaña endereza y las responsabilidades

(1) cada uno tienen la derecha de participar en el gobierno de su país y tendrán una oportunidad igual de sentir bien a un candidato a la elección. Los criterios para la participación en el gobierno serán determinados de acuerdo con constituciones y leyes nacionales y no serán contrarios con las obligaciones internacionales del estado.

(2) Cada uno tiene la derecha de ensamblar, o junto con otras a establecer, un partido o una organización político con el fin de la competición en una elección.

(3) Cada uno individualmente y junto con otros tiene la derecha:

• Para expresar opiniones políticas sin interferencia;

- Buscar, reciben e imparten la información y hacer una opción informada;

- Para moverse libremente dentro del país para hacer campaña para la elección;

- Para hacer campaña sobre una base igual con otros partidos políticos, incluyendo el partido que forma el gobierno existente.

(4) Cada candidato a la elección y a cada partido político tendrá una oportunidad igual del acceso a los medios, particularmente los medios de las comunicaciones en masa, para proponer sus opiniones políticas.

(5) La derecha de candidatos a la seguridad con respecto a sus vidas y a la característica será reconocida y protegida.

(6) Cada individuo y cada partido político tiene la derecha a la protección de la ley y a un remedio para la violación de las derechas políticas y electorales.

(7) Las derechas antedichas pueden solamente estar conforme a tales restricciones de una naturaleza excepcional que estén de acuerdo con ley y razonablemente necesario en una sociedad democrática en interés de la orden de la seguridad nacional o del público (público del orden), la protección de la salud pública o de las moralejas o la protección de las derechas y de las libertades de otros y con tal que son constantes con las obligaciones de los estados bajo derecho internacional. Las restricciones permitidas en candidatura, la creación y actividad de partidos y las derechas políticos de la campaña no serán aplicadas para violar el principio de la no-discriminación por razones de la raza, el color, el sexo, la opinión política u otra de la lengua, de la religión, el origen nacional o social, la característica, el nacimiento o el otro estado.

(8) Cada partido individual o político que se niegan o se restringen las derechas de la candidatura, del partido o de la campaña será dado derecho a abrogar a una jurisdicción competente repasar tales decisiones y corregir errores puntualmente y con eficacia.

(9) Las derechas de la candidatura, del partido y de la campaña llevan responsabilidades a la comunidad. Particularmente, ningún candidato o partido político enganchará a violencia.

(10) Cada candidato y partido político que compiten en una elección respetarán las derechas y las libertades de otros.

(11) Cada candidato y partido político que compiten en una elección aceptarán el resultado de una elección libre y justa.

4. Las derechas y las responsabilidades de los estados

de los estados (1) deben tomar las medidas legislativas necesarias y otras medidas, de acuerdo con sus procesos constitucionales, de garantizar las derechas y el marco institucional para periódico y genuino, libremente y las elecciones justas, de acuerdo con sus obligaciones bajo derecho internacional. Particularmente, los estados deben:

• Establezca un procedimiento eficaz, imparcial y no discriminatorio para el registro de votantes;

• Establezca los criterios claros para el registro de votantes, tales como edad, ciudadanía y residencia, y asegúrese de que tales provisiones están aplicadas sin la distinción de la clase;

• Prevea la formación y libere el funcionamiento de partidos políticos, posiblemente regule el financiamiento de partidos políticos y de campañas electorales, asegure la separación del partido y del estado, y establezca las condiciones para la competición en elecciones legislativas sobre una base equitativa;

• Inicie o facilite los programas nacionales de la educación cívica, para asegurarse de que la población está al corriente de procedimientos y de ediciones de la elección;

(2) Además, los estados deben tomar la política necesaria y las medidas institucionales para asegurar el logro y la consolidación progresivos de metas democráticas, incluyendo a través del establecimiento de un mecanismo neutral, imparcial o equilibrado para la gerencia de elecciones. Al obrar así, deben, entre otras materias:

• Asegúrese de que ésos responsables de los varios aspectos de la elección estén entrenados y actúe imparcial, y de que los procedimientos de votación coherentes están establecidos y dados a conocer al público de votación;

• Asegure el registro de votantes, puesta al día de censos electorales y de procedimientos de la votación, con la ayuda de observadores nacionales e internacionales como apropiada;

• Anime a los partidos, a los candidatos y a los medios que acepten y adopten un código de la conducta para gobernar la campaña electoral y el período de la interrogación;

• Asegure la integridad de la balota con medidas apropiadas de prevenir la votación múltiple o la votación por ésas no dadas derecho además;

• Asegure la integridad del proceso para contar votos.

77

(3) Los estados respetarán y asegurarán los derechos humanos de todos los individuos dentro de su territorio y conforme a su jurisdicción. A tiempo de elecciones, el estado y sus órganos deben por lo tanto asegurarse:

• Respetan esa libertad movimiento, a la asamblea, la asociación y la expresión, particularmente en el contexto de reuniones y de reuniones políticas;

• Ese los partidos y los candidatos están libres comunicar sus opiniones al electorado, y eso gozan de la igualdad del acceso a los medios del estado y del servicio público;

• Que las medidas necesarias están llevadas la cobertura independiente de la garantía en medios del estado y del servicio público.

(4) Para que las elecciones sean justas, los estados deben tomar las medidas necesarias de asegurarse de que los partidos y los candidatos gozan de oportunidades razonables de presentar su plataforma electoral.

5) Los estados deben tomar todas las medidas necesarias y apropiadas de asegurarse de que el principio de la balota secreta está respetado, y de que los votantes pueden echar sus balotas libremente, sin miedo o la intimidación.

(6) Además, las autoridades del estado deben asegurarse de que la balota esté conducida para evitar el fraude o la otra ilegalidad, de que la seguridad y la integridad del proceso esté mantenida, y que la cuenta de la balota es emprendida por el personal entrenado, conforme a la supervisión y/o a la verificación imparcial.

(7) Los estados deben tomar todas las medidas necesarias y apropiadas de asegurar la transparencia del proceso electoral entero incluyendo, por ejemplo, con la presencia de los agentes del partido y de los observadores debidamente acreditados.

(8) Los estados deben tomar las medidas necesarias de asegurarse de que los partidos, los candidatos y los partidarios gozan de seguridad igual, y de que las autoridades del estado toman las medidas necesarias para prevenir violencia electoral.

(9) Los estados deben asegurarse de que las violaciones de derechos humanos y de quejas referentes al proceso electoral estén determinadas puntualmente dentro de la línea de tiempo del proceso electoral y con eficacia por una autoridad independiente e imparcial, tal como una comisión electoral o las cortes.

Capítulo 3

Mapas Conceptuales de la evolución de las reformas electorales en México

En el presente capítulo mostramos los diferentes mapas conceptuales de las reformas y acciones que afectan directamente la vida democrática de México, recorriendo de manera didáctica y visual las principales acciones tomadas en las diferentes legislaturas, así como la composición del órgano electoral o lo largo de su existir.

Por tanto transitaremos desde la Comisión de Vigilancia electoral del año 1946, la incorporación del voto a la mujer en el año 1953, las diferentes reformas que han sufrido las cámaras desde el año 1963, 1969, 1977,1986, y 1996, así como la creación de la Comisión Electoral de 1986 hasta la aparición del órgano autónomo y ciudadano denominado IFE en el año 1990 y su respectivo ordenamiento legal denominado COFIPE, para terminar por las últimas reformas de éste siglo.

Comisión Federal de Vigilancia Electoral (1946)

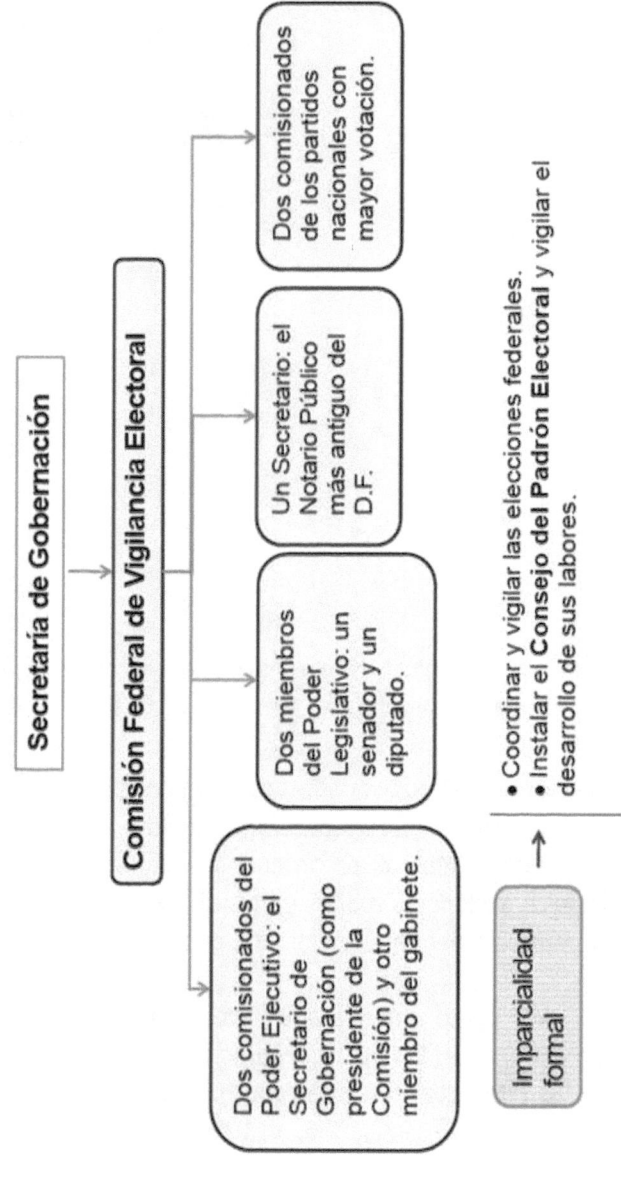

Secretaría de Gobernación

Comisión Federal de Vigilancia Electoral

Dos comisionados del Poder Ejecutivo: el Secretario de Gobernación (como presidente de la Comisión) y otro miembro del gabinete.

Dos miembros del Poder Legislativo: un senador y un diputado.

Un Secretario: el Notario Público más antiguo del D.F.

Dos comisionados de los partidos nacionales con mayor votación.

Imparcialidad formal

- Coordinar y vigilar las elecciones federales.
- Instalar el **Consejo del Padrón Electoral** y vigilar el desarrollo de sus labores.

El partido en el poder tenía el control real de la Comisión

Elaboración: Raúl Manuel Flores Rodríguez

Comisión Federal Electoral (1951)

Elaboración: Raúl Manuel Flores Rodríguez

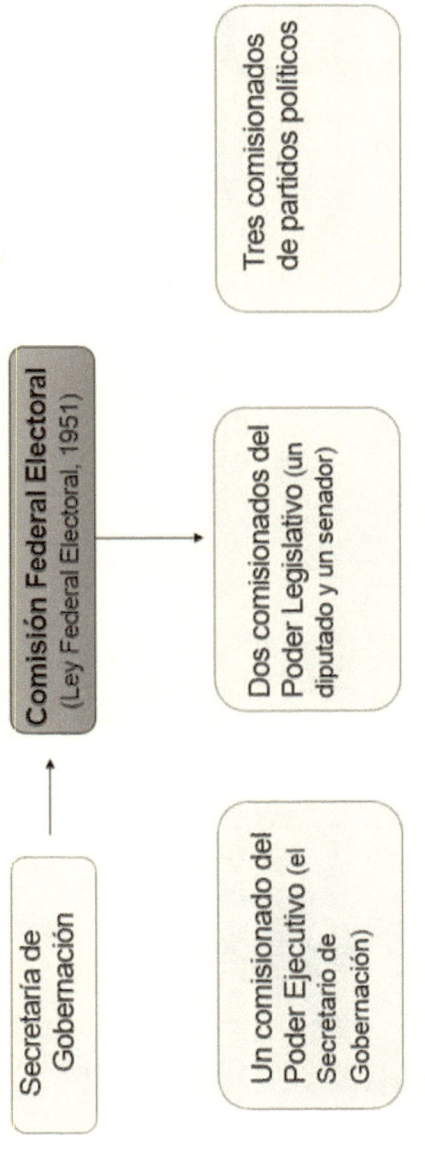

Comisión Federal Electoral
(Ley Federal Electoral, 1951)

Secretaría de Gobernación

Un comisionado del Poder Ejecutivo (el Secretario de Gobernación)

Dos comisionados del Poder Legislativo (un diputado y un senador)

Tres comisionados de partidos políticos

- Aumentaron las atribuciones de la CFE, las Comisiones Estatales Electorales, los Comités Distritales Electorales y el Padrón Electoral.

- Aquí desaparece la participación de la SCJN en la calificación de las elecciones.

81

Incorporación Constitucional del Voto a la Mujer (1953)

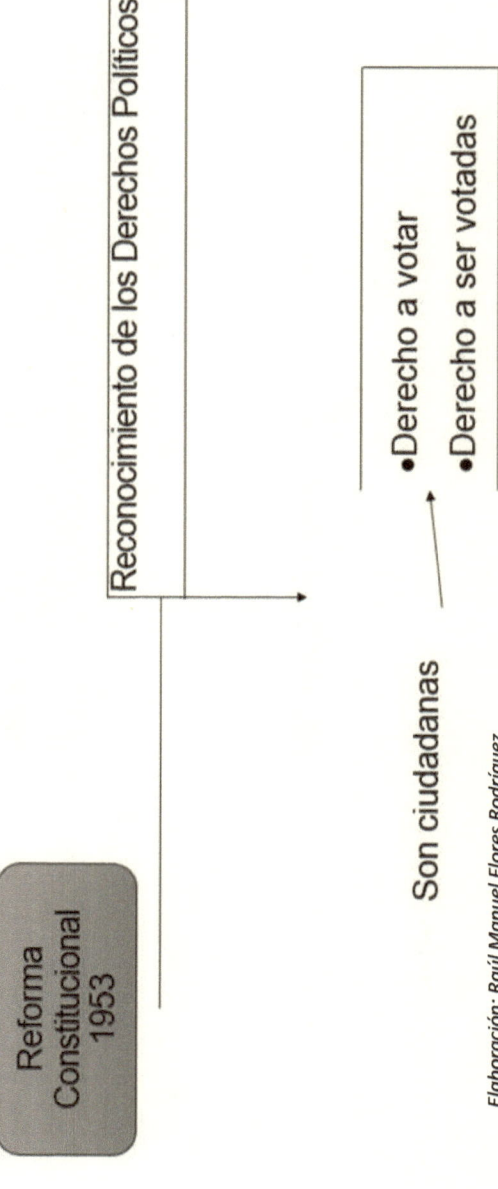

Reforma Constitucional 1953

Son ciudadanas

Reconocimiento de los Derechos Políticos

- Derecho a votar
- Derecho a ser votadas

Elaboración: Raúl Manuel Flores Rodríguez

Reformas 1963 y 1969 Diputados de partido y disminución de la edad para votar

Elaboración: Raúl Manuel Flores Rodríguez

Incorporación de los diputados de partido (1963)

Por cada 2.5% de la votación, se obtenían 5 diputados de lista.

Cada medio punto adicional al 2.5% daba un diputado más hasta el límite de 20.

Reforma constitucional (1969)

Disminución de la edad para votar a 18 años. Antes se podía votar hasta la edad de 21 años, o a los 18 años si se estaba casado. (Ley Electoral Federal, 1951).

Constitucionalización de los Partidos Políticos 1977

Reforma constitucional encaminada al multipartidismo

- Inclusión de fuerzas políticas ausentes, a partidos y asociaciones políticas.

- Derecho de participación a partidos nacionales en elecciones locales.

- Cambio de naturaleza de los partidos políticos (interés público y carácter nacional).

Elaboración: Raúl Manuel Flores Rodríguez

Prerrogativas de los partidos políticos (1977)

Elaboración: Raúl Manuel Flores Rodríguez

- Registro condicionado — Se estableció que debían realizar actividades políticas previas durante los cuatro años anteriores a la solicitud.

- Registro definitivo — Debían conseguir el 1.5% de la votación en la elección por la que se le había otorgado el registro

- Financiamiento público — Concesión de elementos mínimos para poder ejercer sus actividades.

- Campañas y mecanismos de difusión — Acceso permanente a medios de comunicación. Despliegue campañas electorales.

Integración de las cámara de Diputados en 1977

Elaboración: Raúl Manuel Flores Rodríguez

Elección de diputados

- Representación proporcional (RP) (100 diputados)
  - Sólo se asignaban diputados de RP a los partidos que obtuvieran menos de 60 escaños.

- Mayoría relativa (300 diputados)
  - 'Fórmula de representación mínima 'Fórmula de primera proporcionalidad

Integración de las cámaras en 1986

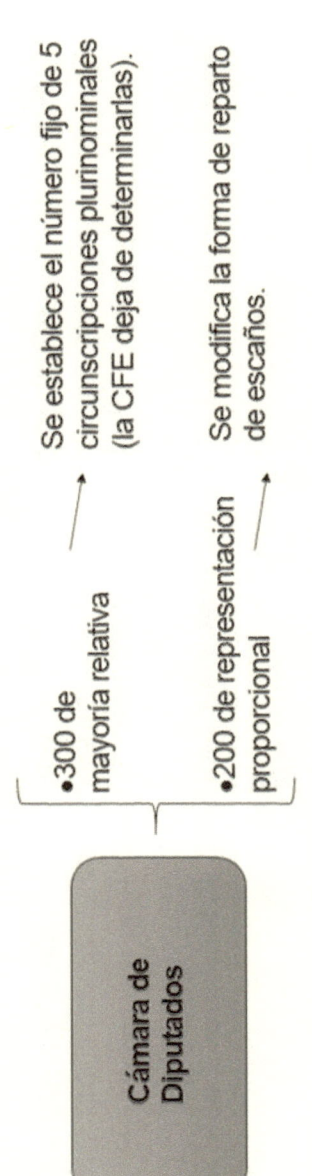

Cámara de Diputados

- 300 de mayoría relativa → Se establece el número fijo de 5 circunscripciones plurinominales (la CFE deja de determinarlas).

- 200 de representación proporcional → Se modifica la forma de reparto de escaños.

Ningún partido político podía tener más de 350 diputados (70% de la Cámara), aún cuando hubiere obtenido un porcentaje de votos superior a ese porcentaje.

Cámara de Senadores

Renovación por mitad cada 3 años

Elaboración: Raúl Manuel Flores Rodríguez

Candidaturas comunes 1986

Elaboración: Raúl Manuel Flores Rodríguez

Funcionaba como una opción de participación política alternativa a las coaliciones que ya existían desde 1977.

Las Candidaturas comúnes permitían:

- Registrar candidatos bajo los nombres y emblemas de todos los partidos aliados electoralmente.
- Que la candidatura se presentara sin que los candidatos se presentaran bajo un solo registro y emblema. *(Artículo 83 CFE)*

Consecuencia:

- Disminuyó el costo político de coaligarse y resultó en la creación del Frente Democrático Nacional (1988).

Comisión Federal Electoral (1986) Integración

Comisión Federal Electoral

1. Representación de los partidos políticos:
   - Un comisionado por cada 3% obtenido en las votaciones nacionales.
   - El PRI podía alcanzar hasta 16 comisionados.
2. Secretario de Gobernación, presidente.
1. Dos representantes del Poder Legislativo: un diputado y un senador.

Elaboración: Raúl Manuel Flores Rodríguez

COFIPE Código Federal de Instituciones y Procedimientos Electorales (1990)

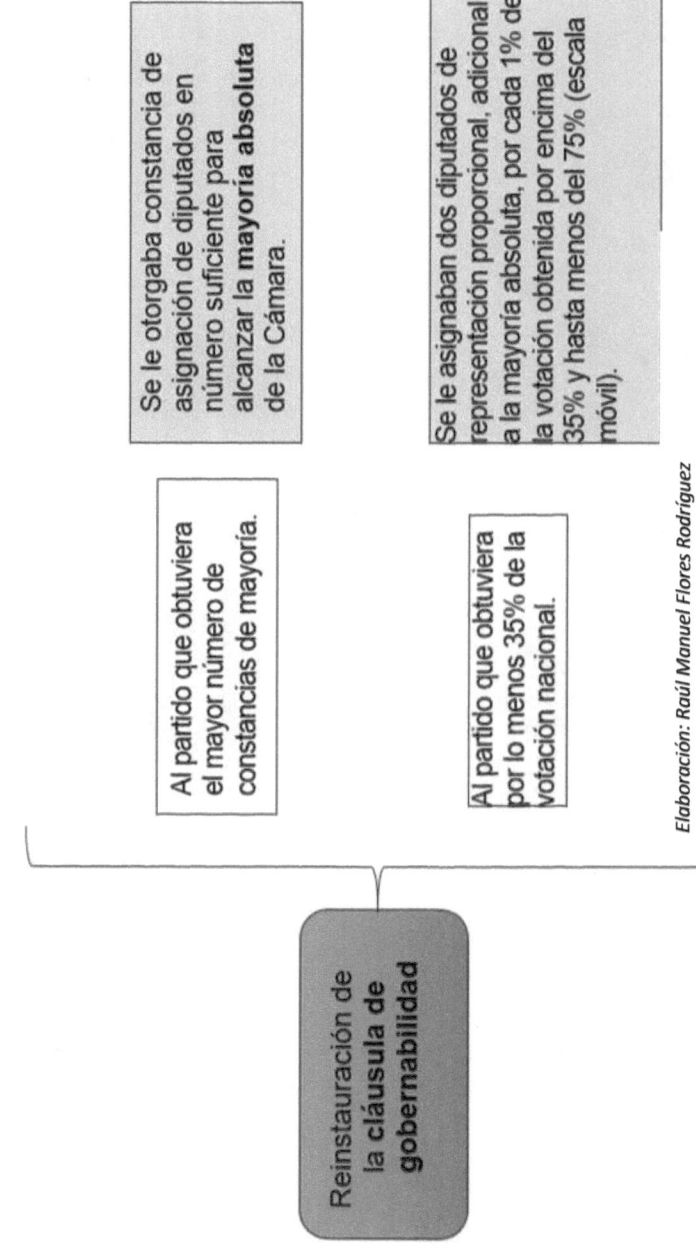

Reinstauración de la cláusula de gobernabilidad

Al partido que obtuviera el mayor número de constancias de mayoría.

Se le otorgaba constancia de asignación de diputados en número suficiente para alcanzar la **mayoría absoluta de la Cámara.**

Al partido que obtuviera por lo menos 35% de la votación nacional.

Se le asignaban dos diputados de representación proporcional, adicional a la mayoría absoluta, por cada 1% de la votación obtenida por encima del 35% y hasta menos del 75% (escala móvil).

Elaboración: Raúl Manuel Flores Rodríguez

El IFE de (1990)

Principales características

- **Organismo autónomo**, de carácter permanente, con personalidad jurídica y patrimonio propios.
- Responsable de **organizar las elecciones** para renovar a los poderes Legislativo y Ejecutivo.

Principales atribuciones

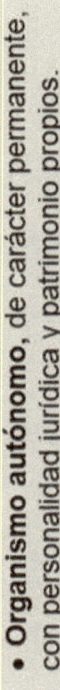

- Integrar el Registro Federal de Electores.
- Contribuir al desarrollo de la vida democrática.
- Asegurar los derechos político electorales de los ciudadanos.
- Garantizar la celebración periódica y pacífica de las elecciones.
- Preservar el fortalecimiento del régimen de partidos.
- Velar por la autenticidad y efectividad del sufragio.
- Coadyuvar en la promoción y difusión de la cultura política.
- Encargado de la preparación y del desarrollo de la jornada electoral.

Elaboración: Raúl Manuel Flores Rodríguez

El IFE de (1990)

Consejo General

- Órgano superior de dirección, responsable de vigilar el cumplimiento de las disposiciones constitucionales y legales en materia electoral (sustituyó a la CFE).

- Su Presidente era el Secretario de Gobernación, quién era designado como el consejero del Poder Ejecutivo.

- El Poder Legislativo era representado por cuatro consejeros: dos diputados y dos senadores, uno de la mayoría y otro de la primera minoría de cada cámara.

- Representantes de los partidos políticos: uno por cada 10% de la votación nacional obtenida por cada uno de ellos.

- Ningún partido podía contar con más de cuatro representantes.

- *6 Consejeros Magistrados.* Personas "sin filiación partidista con una sólida formación académica y profesional en el campo del derecho". Nombrados por mayoría calificada de la Cámara de Diputados, a propuesta del Ejecutivo.

- Duraban 8 años en el cargo, podían ser ratificados mediante propuesta del Ejecutivo.

Elaboración: Raúl Manuel Flores Rodríguez

Reforma IFE (1993-1994) Consejeros ciudadanos

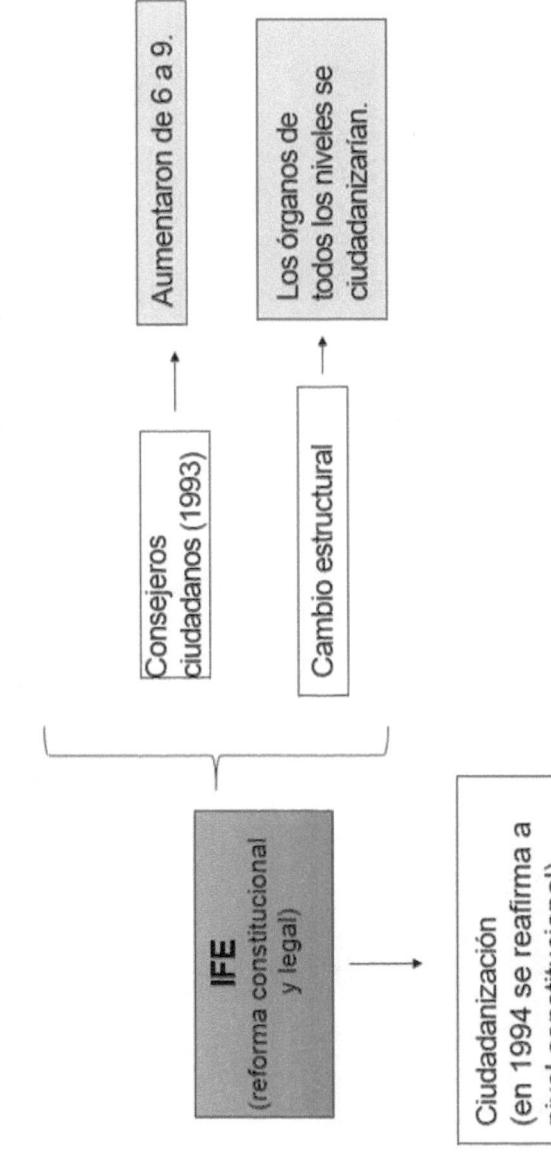

IFE
(reforma constitucional y legal)

Consejeros ciudadanos (1993) → Aumentaron de 6 a 9.

Cambio estructural → Los órganos de todos los niveles se ciudadanizarían.

Ciudadanización (en 1994 se reafirma a nivel constitucional)

Elaboración: Raúl Manuel Flores Rodríguez

93

Reforma IFE (1996)

IFE
(reforma constitucional y legal)

- Consolidación de su autonomía. El ejecutivo federal deja de tener presencia en el Consejo General al retirarse el secretario de gobernación.

- La figura del consejero ciudadano es sustituido por el consejero electoral.
- Los consejeros eran propuestos por los grupos parlamentarios y seleccionados por las dos terceras partes de los miembros presentes de la cámara de diputados. Duración: siete años.

- Se establecen comisiones de consejeros para supervisar el trabajo de las direcciones ejecutivas.

- Funciones y atribuciones del Director General y el Secretario General pasan al Secretario Ejecutivo como nueva figura. Propuesto por el presidente del Consejo General y aprobado por las dos terceras partes del Consejo General.

Elaboración: Raúl Manuel Flores Rodríguez

94

Reformas 2002 y 2005

Cuotas de género y voto de los mexicanos en el extranjero (2002 y 2005)

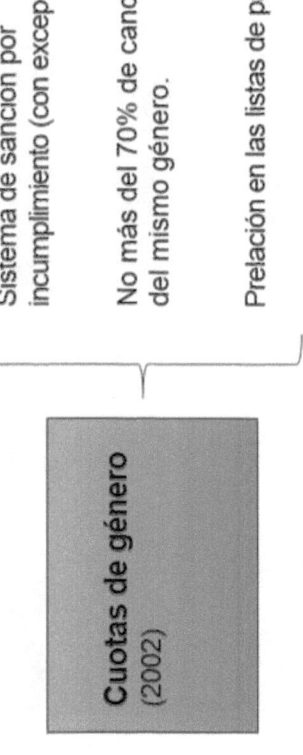

Cuotas de género
(2002)

Sistema de sanción por incumplimiento (con excepción).

No más del 70% de candidatos del mismo género.

Prelación en las listas de partidos.

Voto de Mexicanos en el Extranjero

- Voto de los mexicanos residentes en el extranjero para la elección de Presidente de la República (2005).

Elaboración: Raúl Manuel Flores Rodríguez

Reformas 2007

Asignación de tiempos en radio y televisión

El IFE administra el tiempo que corresponde al Estado en radio y televisión

El Instituto Federal Electoral (IFE) tiene 48 minutos diarios en radio y televisión en los procesos electorales, de los cuales 18 minutos serán en conjunto para todos los partidos en las precampañas

Requisitos para ser Consejero

Se establecen nuevos requisitos para ser consejero del IFE, como no haber sido candidato a un cargo de elección popular o dirigente de un partido en los últimos cuatro años

Clausula de la vida eterna

"cláusula de la vida eterna", mediante la cual cuando uno de los partidos que se coalíguen no alcancen una votación de 1%, la otra fuerza política le asignará un porcentaje para alcanzar dos por ciento, a fin de que no pierda el registro

Precampañas

Se regulan las precampañas electorales, que no podrán durar más de 60 días . Las reformas establecen que las campañas para presidente de la República durarán 90 días, y las referentes a la elección de diputados no excederán 60 días.

Elaboración: Raúl Manuel Flores Rodríguez

Procesos evolutivos de reformas electorales

2005/2006 y la reforma electoral del 2007/2008

En México la democratización del sistema de partido único o hegemónico PRI es un proceso que se caracteriza por su carácter gradual o reformista con cambios paulatinos en un ciclo de largo alcance. Las reformas electorales se iniciaron en 1977 con un ciclo que aún no se cierra y que esperemos cierre con una buena reforma en el año 2013. [11]

Podemos advertir que entre 1996 y 2006 se dio la (crisis electoral) con reformas profundas constitucionales y electorales iniciadas en diciembre del 2007.

Como se ha dicho, las condiciones a las que responde la profunda reforma del 2007/2008 fueron básicamente: a) que en la elección del 2006 el COFIPE puso en evidencia lagunas en cuanto a instrumentos para el arbitraje político; b) en 2003 el PRD no apoyó en el Congreso, donde era la tercera fuerza, el nombramiento de nuevos Consejeros del IFE y desde entonces fue crítico de la institución; c) en 2004 el Presidente Fox mostró en TV actos de corrupción del PRD y López Obrador en el gobierno del DF. Aunque se trató de desafuero sin éxito, esto enrareció el ambiente preelectoral (Latapi, 2009).[12]

La reforma trató de llenar importantes lagunas del marco normativo. En general, las reformas anteriores atendían lagunas en el área de la organización electoral. En este caso, las lagunas percibidas y consideradas importantes por los legisladores se centraron en los aspectos relacionados con las condiciones para la equidad de la contienda. Entre otros, se señalan los siguientes vacíos:

---

[11] Se considera el momento oportuno de reformar en 2013, pues al cierre de la impresión del presente, se conoce un primer paquete de propuestas de reformas político-electorales.

[12] Sin duda las reformas hasta el cierre de la edición del presente, no han sido suficientes para terminar con los grandes vicios electorales.

a. Falta de capacidad del IFE para controlar la equidad de la contienda, en particular el uso por los partidos de los medios electrónicos. Había fiscalización ex-post de los recursos, pero dada la modalidad de contratación bilateral partidos-medios, el IFE resultaba marginado;

b. El efecto (percibido negativo por muchos, incluyendo el Tribunal Electoral) de las campañas negras (negativas);

c. El IFE no podía impedir la intervención de los gobernantes en el proceso electoral, particularmente después del 2000. Tema menor pero en México tema mayor, dadas las sensibilidades existentes (producto de un régimen de partido dominante) y la intervención del presidente Fox;

d. Forma del nombramiento de la autoridad electoral a causa de la renovación completa se perdía la memoria y experiencia institucional;

e. Débil reglamentación de las pre-campañas. La única era interna del IFE y no era substancial.

Conviene destacar que, además de las cuestiones relativas a la competitividad electoral, también se introdujeron cambios en la instalación, integración y funcionamiento de las "casillas" electorales; el diseño de las actas de escrutinio y cómputo; al calificación de los votos; la designación y capacitación de las autoridades de mesa; la delimitación de los distritos electorales; el voto de los mexicanos residentes en el exterior; la formación de coaliciones, y el recuento de votos, entre otros.

La reforma electoral del 2007 conduce hacia un IFE con más y más robustas responsabilidades, no necesariamente ligadas a la organización misma de las elecciones sino a aspectos de supervisión y control de los partidos durante y después del proceso electoral. Es claro que la reforma del 2007 hizo aún más densa y pesada la maquinaria institucional electoral mexicana sin que necesariamente la institución haya ganado en autonomía respecto de los partidos políticos y el Congreso.[13]

La autoridad electoral de México es internacionalmente reconocida como una de las más eficaces, si bien de las más estructuralmente complejas y financieramente costosas. Dado el carácter federal de la República mexicana, la duplicidad de órganos electorales, tanto administrativos como judiciales.[14]

Es importante destacar que la crisis política electoral originada en las elecciones presidenciales del 2006, y que produce una división nacional de opiniones en cuanto a la eficacia y respetabilidad del IFE y la Justicia Electoral, no ha trascendido internacionalmente. De tal manera que las instituciones electorales mexicanas conservan prácticamente intacta su excelente reputación internacional. Buena prueba de ello es la frecuencia con que autoridades mexicanas participan en misiones de asistencia electoral internacional así como el gran número de delegaciones de funcionarios electorales de otros países de las más diversas regiones del mundo acuden a México para seminarios y actividades de intercambio y capacitación.

La reforma electoral mexicana del 2007/2008 modificó a nueve artículos de la Constitución, expidió un nuevo Código Federal de Instituciones y Procedimientos Electorales (COFIPE), y promulgó otros textos legales. El alcance de la reforma es muy amplio.

Se dio un nuevo diseño institucional del IFE, como administrador electoral federal. Igualmente, se constatan nuevas y diversificadas funciones, que conviene examinar en mayor detalle por sus posibles implicaciones en términos de aplicación de las medidas y la concreción operacional de las mismas. Puede decirse que las áreas de la reforma más significativas son: a) la referente al acceso a los

---

[13] No hay autonomía pues los nombramientos de los Consejeros electorales sigue radicando en las cuotas de partido y se resuelven al interior de la Cámara de Diputados.

[14] El IFE funciona como Órgano electoral para elecciones federales y coadyuva en la organización de las elecciones en los estados de la República Mexicana lo cual a mi parecer resulta un doble proceso y un gasto por demás innecesario.

medios electrónicos y su monitoreo; b) la fiscalización de los recursos y c) la resolución de quejas y conflictos, con las nuevas atribuciones a los órganos desconcentrados (local y distrital). Adicionalmente, aunque la reforma no trató de manera exhaustiva aspectos directamente relacionados con la organización electoral, es importante en todo caso ver cuales medidas fueron introducidas y el impacto de la reforma en la tarea primera del IFE en temas de organización electoral.

En 2006 los cómputos distritales fueron muy cuestionados y el tema del recuento de votos estuvo muy presente durante los litigios y conflictos políticos derivados de la elección presidencial[15]. La anterior legislación no favorecía la apertura de los paquetes electorales para poder hacer un recuento voto por voto. Con la reforma, el nuevo marco legal permite que, en lo sucesivo, puedan abrirse (por diferentes causas) los paquetes de una casilla para un recuento de votos (nuevo escrutinio y cómputo de actas específicas de casilla en la votación para diputados). Adicionalmente, cuando existan indicios de que la diferencia en un distrito haya registrado menos de un punto porcentual entre el primer y segundo lugar, la ley permite que se pida un recuento de todas las casillas del distrito (recuento total de la votación para diputados, senadores o presidente de todas las casillas de un distrito). Este último escenario requiere que al inicio de la sesión de cómputo exista petición expresa del representante del partido que postuló al candidato que obtuvo el segundo lugar en la votación. En este proceso, se las casillas que ya hayan sido objeto de recuento.

Existen tres causales para que un nuevo escrutinio y cómputo de actas en las casillas sea posible: a) cuando todos los votos de la casilla son de un solo partido;[16] b) cuando la diferencia entre el primero y el segundo lugar en la casilla sea más pequeña que la cantidad de votos nulos; y c) cuando se encuentran "errores evidentes en el acta", que no puedan ser explicados a la satisfacción

---

[15] Aún recuerdo lo difícil que fue realizar el llamado "voto x voto" "casilla x casilla" en la mayoría de los distritos electorales, quienes fungimos como Consejeros Electorales Distritales del IFE, realizamos jornadas casi inhumanas de más de 40 horas sin dormir.

16 Lo que se conoce en el medio electoral como casillas "zapato"

del que está demandando.[17]. Existe entonces una alta posibilidad de que se tenga que recontar un alto número de casillas, retardando los cómputos distritales y comprometiendo la producción de resultados oficiales a su debido tiempo. Con un alto número de casillas para recontar, el tiempo del cómputo puede extenderse hasta en 50 horas, más el cómputo normal, de manera que la operación puede llegar a durar hasta tres días.[18]

En ese sentido, es importante mencionar que la nueva ley establecía que todos los resultados producto de un recuento no pueden ser impugnados y que en ningún caso se podrá solicitar al Tribunal recuento sobre los paquetes recontados durante las sesiones de cómputo.[19] Los errores contenidos en las actas originales de escrutinio y cómputo de casilla que sean corregidos por los consejos distritales siguiendo el procedimiento establecido para el cómputo distrital no podrán ser invocados como causa de nulidad.

Finalmente, cabe resaltar que el escrutinio y cómputo de los votos de partidos en coalición también se modificaron. El diseño de la boleta cambió y ahora las coaliciones no pueden tener un emblema

---

[17] La definición es bastante vaga y puede prestarse a equívocos. Se calcula que un 63 por ciento de las actas tienen errores, desde errores bastante sencillos hasta errores graves, cifras discordantes, números ilegibles, etc.

[18] El IFE se preparó para enfrentar la situación, tratando de establecer procedimientos ágiles que evitaran que los recuentos y el escrutinio y cómputo de las demás elecciones y concluyera de manera oportuna (antes del domingo siguiente al de la jornada electoral). En ese sentido, el IFE había reglamentado la medida que requiere que se haga un recuento de la totalidad de las casillas en un distrito. Las reglamentaciones del IFE permiten que se formen cinco grupos de trabajo, para poder terminar los cómputos en dos días. "El presidente del Consejo Distrital dará aviso inmediato al secretario ejecutivo del IFE, ordenará la creación de grupos de trabajo integrados por los consejeros electorales, los representantes de los partidos y los vocales, que los presidirán, para trabajar en forma simultánea dividiendo entre ellos en forma proporcional los paquetes que cada grupo tendrá bajo su responsabilidad. Los partidos políticos podrán nombrar a un representante en cada grupo, con su respectivo suplente".

[19] Sin duda, resulta algo lógico a todas luces, pues se entiende que el recuento en las juntas distritales han participado los integrantes del Consejo y los Representantes de los partidos políticos y/o coaliciones.

conjunto, debiendo presentarse por separado en la boleta; el votante debe entonces votar por el emblema de uno o más de los partidos coaligados.[20] Adicionalmente, la ley establece que para el cómputo distrital se deben sumar los votos a favor de dos o más partidos coaligados, que han debido ser consignados por separado en el apartado correspondiente del acta de escrutinio y cómputo de casilla. La suma distrital de estos votos se debe distribuir igualitariamente entre los partidos que integran la coalición y en caso de que la división no arroje un número entero, los votos restantes se asignarán a los partidos de más alta votación.

En relación con los procedimientos técnico-operativos de las elecciones existen otras medidas, que pueden considerarse menores y no parecen entrañar riesgos de ningún impacto negativo en las operaciones. Por ejemplo, la única medida referente al padrón electoral es la exigencia de informar al RFE de un cambio de domicilio dentro de los 30 días siguientes a que éste ocurra (antes no existía plazo).[21] También se establece que para solicitar la credencial de votante, el ciudadano se debe presentar, de preferencia, con documento de identidad expedido por autoridad. El problema aquí es que todavía no existe en México un documento nacional de identificación, pues actualmente la propia credencial de elector es la identificación mexicana por excelencia, que no, lo debería de ser.

Para fines de planeación, se supone que una sección electoral tiene alrededor de 1500 electores, pero en realidad existen secciones con 15,000 y hasta 20,000 electores. Con el fin de solucionar el problema existen las casillas contiguas y las casillas extraordinarias. Pues bien, la reforma facilita la creación de las casillas extraordinarias, añadiendo nuevos factores que permiten su instalación.[22]

---

[20] Esta medida puede, de por sí, aumentar las posibilidades de error en el votante así como los votos nulos, debido a la confusión.

[21] Recientemente se conocen casos de cambios masivos de domicilio, lo que sin duda perjudica la operación, ya que estos movimientos son pensados por los partidos políticos para hacer acarreos a lugares donde necesitan un caudal amplio de votación.

[22] *El tema de las casillas extraordinarias también es algo importante a debatir, pues han sido causal de conflictos e incluso secuestros como del que fui objeto en la elección anterior, pues*

La reforma electoral de 2007

La reforma electoral mexicana del 2007/2008 se aviene en términos generales, como ya era el caso de la legislación que la precediera, a criterios de derecho y política internacional comparados. Sin embargo, hay aspectos importantes en que se separa de ellos. Muy en particular, la inclusión en la Constitución de un significativo número de aspectos como lo relativo a los uso de los medios por los partidos políticos o a la financiación de los mismos.

La reforma electoral transitó, en México, primero por una modificación constitucional en septiembre del 2007 y otra subsiguiente de carácter legal al año siguiente. La reforma constitucional afectó nueve artículos de la carta magna. Concretamente se modificaron los Artículos 6, 41, 85, 99, 108, 116 y 122; derogó un párrafo del Artículo 97 y adicionó el Artículo 134. De forma sumaria, los cambios constitucionales hacen referencia a las siguientes:

a) El Artículo 6 sobre garantías del derecho a la información por parte de los ciudadanos y que se abre con la declaración de que "la manifestación de las ideas no será objeto de ninguna inquisición judicial o administrativa".

b) El Artículo 41 contiene el núcleo de la reforma con disposiciones muy específicas el rol de los medios en materia electoral (prohibición de contratación de tiempos por partidos o personas físicas o jurídicas, cantidad y distribución del tiempo público disponible, administración y fiscalización de uso de los medios por parte del IFE, etc.); financiación de los partidos políticos y las campañas (mayor

---

quienes las toman por la fuerza no llegan a entender las condiciones para poder votar en esas casillas y siempre han argumentado que son casillas para los soldados y votos para el gobierno.

financiamiento público que privado, cálculo de montos en ambos casos, etc.); estructura orgánica del IFE (nombramiento de Consejeros, establecimiento de una Contraloría interna y de un órgano de fiscalización de uso de los recursos de los partidos, etcétera); y duración de las campañas.

c) El Artículo 85 regula la posibilidad de nombrar presidente en el caso de una elección fallida por causas diversas estableciendo que "Si al comenzar un periodo constitucional no se pre-sentase el presidente electo, o la elección no estuviere hecha o declarada válida el 1o. de diciembre, cesará, sin embargo, el presidente cuyo periodo haya concluido y se encargará desde luego del Poder Ejecutivo, en calidad de presidente interino, el que designe el Congreso de la Unión, o en su falta con el carácter de provisional, el que designe la Comisión Permanente."

d) El Artículo 99 declara al Tribunal Electoral como "la máxima autoridad jurisdiccional en la materia y órgano especializado del Poder Judicial de la federación". Regula su estructura y las sus Salas Regionales así como el nombramiento de los Magistrados. Entre sus facultades, cabe mencionar las de "Resolver en forma definitiva e inatacable" sobre: I. Las impugnaciones en las elecciones federales de diputados y senadores; II. Las impugnaciones que se presenten sobre la elección de Presidente de los Estados Unidos Mexicanos que serán resueltas en única instancia por la Sala Superior. También las salas Superior y regionales del Tribunal sólo podrán declarar la nulidad de una elección por las causales que expresamente se establezcan en las leyes. Y muy notablemente La Sala Superior realizará el cómputo final de la elección de presidente de los Estados Unidos Mexicanos, una vez resueltas las impugnaciones que se hubieren interpuesto sobre la misma, procediendo a formular, en su caso, la declaración de validez de la elección y la de presidente electo respecto del candidato que hubiese obtenido el mayor número de votos.

e) El Artículo 108 define con criterio amplio como servidores públicos para los efectos de las responsabilidades en el uso del patrimonio del estado a "los representantes de elección popular, a los miembros del Poder Judicial Federal y del Poder Judicial del Distrito Federal, los funcionarios y empleados y, en general, a toda persona que desempeñe un empleo, cargo o comisión de cualquier naturaleza en el Congreso de la Unión, en la Asamblea Legislativa del Distrito Federal o en la Administración Pública Federal o en el Distrito Federal, así como a los servidores públicos de los organismos a los que esta Constitución otorgue autonomía."

f) El Artículo 116, dedicado a los poderes de los Estados, en su apartado IV se refiere a la materia electoral regulando, entre otras cuestiones, la coordinación del sistema nacional con los regímenes locales, lo que constituye un punto siempre complejo en los países federales. La norma constitucional impone a los Estados garantizar en sus constituciones y leyes condiciones equitativas de financiamiento público e instituir bases obligatorias para la coordinación entre el Instituto Federal Electoral y las autoridades electorales locales en materia de fiscalización de las finanzas de los partidos políticos. Se regulan cuestiones de acceso a los medios por los partidos y también de calendario electoral local y su posible convergencia con elecciones federales. Así mismo se introduce la improbable eventualidad de que "las autoridades electorales competentes de carácter administrativo puedan convenir con el Instituto Federal Electoral se haga cargo de la organización de los procesos electorales locales. "

g) El Artículo 122 regula los órganos de gobierno del Distrito Federal y, consecuentemente, la forma de cubrir los cargos de elección popular, que han de someterse a la normativa general, mencionándose específicamente los Artículos 41 y 99 de la Constitución.

h) En el Artículo 97 deroga su anterior párrafo tercero relativo al nombramiento por la Suprema Corte de justicia de algunos funcionarios del aparato judicial.

i) La adición del Artículo 134 introduce nuevas normas sobre la eficacia, eficiencia y honradez con que deben ser administrados los recursos públicos y la contratación para su aplicación. Especialmente relevante en el ámbito electoral es la disposición de que los servidores públicos han de aplicar con imparcialidad los recursos públicos "sin influir en la equidad de la competencia entre los partidos políticos". Así mismo es relevante la disposición de que "la propaganda, bajo cualquier modalidad de comunicación social, que difundan como tales, los poderes públicos" en ningún caso incluirá nombres, imágenes, voces o símbolos que impliquen promoción personalizada de cualquier servidor público."

La inusual inclusión constitucional de ciertas medidas muy específicas tiene clara explicación dado el contexto político en que se desarrolló la reforma. El tema del acceso a medios y su control, fue un tema muy controvertido y hasta el día de hoy lo sigue siendo dado el poder político de las empresas televisoras. La reforma afectó no solo al aspecto de "negocio" de dichas empresas, sino también y sobre todo al poder político de los medios. Por ello, la oposición de estos medios fue fortísima y agresiva, pero aun así la reforma fue aprobada casi por unanimidad; con la excepción de dos partidos coaligados para los cuales la reforma implicaba pérdida de ciertas prerrogativas.

Una vez más, las consecuencias políticas de todos estos cambios constituyen una pregunta empírica que solo el tiempo y la práctica electoral puede responder y demostrar.

En función de ello, en 2007/2008 se introduce el conjunto de reformas que motiva este capítulo. La nueva Constitución introduce la regulación de las precampañas, dejando a las leyes secundarias el establecer reglas específicas y sanciones para quienes las infrinjan, así como los límites a las erogaciones de los partidos políticos en sus precampañas. Se trata de una significativa tarea adicional para el IFE, tanto por el elevado número de precandidatos y pre-campañas, como por las distintas características de los gastos en éstas. Aunque la nueva Constitución no lo requiere, se mantiene el control de las "organizaciones políticas nacionales" (que ya han dejado de constituir una etapa previa a la formación de un partido), así como el de las instituciones que desarrollen tareas de observación del proceso electoral.

Se modifican sustancialmente las características y estructura del gasto de los partidos políticos. Hasta las reformas de 2007/2008 el grueso de los gastos de los partidos se dedicaba a la adquisición de tiempos en radio y TV para complementar los que le concedía el IFE en forma gratuita. Ese ítem de gasto desaparece enteramente, en la medida en que la principal de las reformas es la prohibición absoluta de compra de publicidad electoral en medios por parte de los partidos.[23].

En materia de mecanismos de control se dieron modificaciones importantes. En la estructura anterior existía una Comisión de Fiscalización de los Recursos de los Partidos y Agrupaciones Políticas del Consejo General del Instituto Federal Electoral que se ocupaba de la recepción, recisión y dictamen de los informes anuales y de campaña. Seis de los nueve Consejeros habían optado por participar en la Comisión, que contaba con el apoyo técnico de la Dirección Ejecutiva de Prerrogativas y Partidos Políticos, cuyo titular actuaba como Secretario Técnico de la Comisión. La

---

[23] La compra de publicidad electoral por otras personas físicas o morales ya estaba prohibida

reforma establece que "la fiscalización de las finanzas de los partidos políticos nacionales estará a cargo de un órgano técnico del Consejo General del Instituto Federal Electoral, dotado de autonomía de gestión, cuyo titular será designado por el voto de las dos terceras partes del propio Consejo a propuesta del consejero Presidente.

Algo que fue bien visto por la sociedad es lo referente a los tiempos de duración de los integrantes del Consejo, introduciendo designaciones escalonadas. Se posibilita la reelección del Presidente (dos veces seis años, mientras que los consejeros duran 9 en sus funciones). Las reformas se introducen con efecto inmediato, y su impacto inicial es el de limitar la duración del mandato de algunos de los consejeros. En materia de atribuciones, se aumentan las facultades del IFE para vigilar y sancionar conductas ilícitas de actores electorales y se reconoce constitucionalmente la facultad del TRIFE de controlar la constitucionalidad de las leyes electorales. De acuerdo a la nueva Constitución "el titular de la Contraloría General del Instituto será designado por la Cámara de Diputados con el voto de las dos terceras partes de sus miembros presentes a propuesta de instituciones públicas de educación superior, en la forma y términos que determine la ley. Durará seis años en el cargo y podrá ser reelecto por una sola vez. Estará adscrito administrativamente a la presidencia del Consejo General y mantendrá la coordinación técnica necesaria con la entidad de fiscalización superior de la Federación

Entre los objetivos más salientes de la reforma merecen destacarse el intento de fortalecer el sistema de partidos, con las reglas sentadas sobre perfeccionamiento del régimen de financiamiento y control de las cuentas partidarias; la regulación del rol de los medios en las cuestiones electorales; la redefinición institucional de los organismos electorales, tanto ejecutivos como jurisdiccionales.

En cuanto al régimen de financiamiento de los partidos, en particular, resalta la preocupación por coordinar el sistema nacional con los regímenes locales, que constituye un punto siempre complejo en los países federales. Las normas constitucionales que imponen a los estados locales garantizar en sus constituciones y leyes condiciones equitativas de financiamiento público e instituir bases obligatorias para la coordinación entre el IFE y las autoridades locales en materia de fiscalización de las finanzas de los partidos pueden considerar-se un muy buen punto de partida.

Luego de la reforma, el IFE termina con un considerable aumento de competencias sensibles y constantes, que en parte el propio IFE ha incrementado como es el caso del monitoreo del uso de los medios o el denominado "blindaje" en el uso de los recursos de los partidos.

Los nuevos criterios de integración institucional del IFE incorporados por la reforma y la mayor autonomía funcional de algunos órganos internos pueden propiciar un debilitamiento del ejecutivo electoral. Paradójicamente, la reforma ensancha considerablemente las competencias del órgano electoral a la vez que reduce su autonomía institucional. En efecto, la creación de figuras encargadas de controlar no sólo el gasto institucional sino también con atribuciones para supervisar y sancionar el trabajo de funcionarios y consejeros electorales, debilita la autonomía institucional del IFE. La reforma presenta asimismo una cuestión contradictoria pues pasa a atribuirse al órgano electoral una función persecutoria, censora y sancionadora, pero reduciendo su autonomía e independencia, lo que le genera sin duda una crisis sistémica al IFE y que abordaremos en el siguiente capítulo.

Capítulo 4

Crisis sistémica del IFE

Estamos ante una crisis sistémica. ¿Qué es esto?. Sucede cuando el sistema en su conjunto entra en crisis, esto es, cuando el sistema colapsa por incapacidad, sobrepasamiento y/o por falta de instrumentos para resolver los problemas o desastres creados por su propia dinámica.[24] ¿De qué sistema hablamos?. Del sistema electoral o del sistema político o de ambos, ese es la interrogante ¿?.

Pues sin duda estamos ante la presencia de lo que quizá pueda ser la última oportunidad del IFE, esto es, que en el espíritu reformista del legislativo se deben incluir en la agenda política, modificaciones

---

[24] Un ejemplo de crisis sistémica podría ser cuando el motor de nuestro coche no desboca porque se bloquean cilindros y pistones a causa de falta o mala calidad del aceite.

y adecuaciones a la Ley electoral, en general al sistema electoral mexicano.

El IFE hoy padece de muchas enfermedades, la principal el descredito ciudadano que viene creciendo desde 2006 y que se ha reforzado en 2012, aunado a la falta de cuadros competitivos, hombres y mujeres con talento como José Woldenberg, Luis Carlos Ugalde y Jacqueline Peschard, Mauricio Merino, o de la calidad académica de Lorenzo Córdova Vianello o Benito Nacif, sin duda se carece de un perfil jurídico que tanto necesita el IFE, esto es un problema de diseño institucional, ya que por una parte es un órgano jurisdiccional que sanciona y, por la otra, debe organizar las elecciones. Esto genera un conflicto y desgasta a la institución. Siempre ha ocurrido, pero es más grave en ocasión de las decisiones controversiales como es el reporte sobre el gasto de campañas.

La Unidad de Fiscalización de los Recursos de los Partidos Políticos, hizo su trabajo de acuerdo a las normas y procedimientos aprobados por el Consejo General del IFE. Es probable que el reporte de exceso en los gastos de la campaña de López Obrador se deba al error de los informes de los partidos que lo postularon. El PAN, PRI, Panal y PVEM tienen un mejor desempeño porque seguramente hay más cuidado y rigor en los reportes.[25]

El sistema de control de gastos a través de topes es una ficción, consecuencia de otra ficción profundamente arraigada: la obsesión por la equidad. El gasto de los partidos es imposible de supervisar, tanto el de campañas como el gasto ordinario, y por ello la ambigüedad dará lugar a interminables polémicas. Por esta razón los sistemas más confiables se enfocan en la información sobre el origen del gasto y, todavía más, cuando los reportes se realizan en paralelo a la elección de manera tal que los electores conozcan quién

---

[25] La experiencia dicta con hacerse de los mejores hombres con experiencia en fiscalización incluso recurriendo a contratar a personal del propio instituto con mejores sueldos y prerrogativas.

paga la campaña del candidato. En otras palabras, en materia de financiamiento de campañas, la transparencia es mejor y más fácil de asegurar que la equidad o de tope de gastos. Esto sin olvidar o dejar de lado la nueva modalidad de la presencia de dinero mal habido o proveniente del narcotráfico en las campañas electorales, pero eso es harina de otro costal.

Estamos ante la presencia de una serie de reformas al estilo nacional en donde se hacen de los políticos para los políticos, dejando de lado el sentir ciudadano, aunado al excesivo gasto que erogan no solo el IFE, sino los 32 institutos electorales en las entidades federativas, no en vano somos o tenemos la democracia más cara del mundo. La sociedad en su conjunto estamos financiando partidos políticos, campañas electorales, instituciones, tribunales con montos que difícilmente podrán ser sostenidos en los años venideros.

La reforma electoral del 2007 ha dejado mucho que desear dentro de las expectativas fundadas en su creación, debemos advetir que éstas reformas y en especial los últimos procesos electorales han sido demasiado honerosos para todos los mexicanos, por citar un ejemplo para ese año se utilizaron 23 mil 966 millones de pesos para cimentar la vida democrática del país a través del Instituto Federal Electoral, el Tribunal Electoral del Poder Judicial de la Federación y los siete partidos políticos con registro nacional ante esta institución en comento.

En este sentido el gasto al que nos referimos se distribuyó en 2007 de la siguiente manera:

INSTITUCIÓN	EROGACIÓN
IFE	14 mil 953 millones
Fepade	129 millones
TEPJF	2 mil 369 millones
Financiamiento a Partidos	5 mil millones

Para el año 2012 los partidos políticos pudieron gastar más de 5 mil millones de pesos, distribuidos de acuerdo a las prerrogativas de los institutos políticos de la siguiente manera:

PARTIDO	PRERROGATIVAS
PAN	Mil 316 millones 830 mil pesos
PRI	Mil 665 millones 460 mil pesos
PRD	699 millones 810 pesos
PT	366 millones 100 mil pesos
PVEM	485 millones 170 mil pesos
MC	319 millones 480 mil pesos
PANAL	365 millones 790 mil pesos

Dentro del estudio denominado "El financiamiento público federal para los partidos políticos nacionales de México" [26] en el cual se medía el impacto de la reforma al artículo 41 constitucional del 2000 al 2012.

El financiamiento público para los partidos políticos en México entre estos años a que se hace referencia de acuerdo al estudio legislativo de la Cámara de Diputados asciende a la nada despreciable cantidad de 41 mil 244 millones 430 mil pesos distribuidos entre los 16 institutos políticos que llegaron en algún momento a tener su registro ante el IFE.

Es decir de los que actualmente tienen representación en alguna de las cámaras recibieron 39 mil 377 millones de pesos y los partidos políticos satélite, familiares, de negocio o como se les quiera llamar recibieron en vano mil 896 millones de pesos.

En el documento elaborado por el investigador parlamentario (Tépach; 2011) refiere que la reforma del artículo 41 constitucional en su fracción primera incide en los partidos políticos nacionales al menos en 3 ejes fundamentales, el primero es que suprimió la exclusividad de estos para participar en las elecciones locales del DF, se proscriben las afiliaciones corporativas a los partidos y el tercero

---

[26] http://www.diputados.gob.mx/cedia/sia/se/SAE-ISS-26-11.pdf

es que delimitó el ámbito de competencia de las autoridades electorales en los asuntos internos de los partidos políticos.

Según el documento planteado por Tépach, la nueva fórmula para financiar a los partidos políticos resulto menos volátil que la que habían derogado en 1996, ya que dejo de depender del número de partidos políticos representados ante el Congreso de la Unión, el número de legisladores que integran el Congreso, entre otras variables.

Pero tiene una salvedad importante a mencionar, si algún partido político pierde la representación en el Congreso eso no lo exime de ver reducido su financiamiento público, por tanto se fortalecen las finanzas de los partidos que mantienen su representación, pues los recursos se distribuyen entre un menos número de partidos, tal y como se desprende de la siguiente tabla:

Cuadro No. 1. Financiamiento público federal para los partidos políticos de México, por tipo de actividades, 2000-2011. (Millones de pesos).					
Año	Actividades ordinarias	Actividades extraordinarias	Actividades específicas	Capacitación, promoción y desarrollo del liderazgo político de la mujer	Financiamiento público total
2000	1,500.46	1,500.46	63.18		3,064.10
2001	2,206.57		44.12		2,250.69
2002	2,361.25		78.62		2,439.87
2003	2,308.15	2,427.16	93.82		4,829.13
2004	1,785.83		69.15		1,854.98
2005	1,986.22		27.04		2,013.26
2006	2,068.38	2,068.38	34.35		4,171.11
2007	2,669.48		34.62		2,704.10
2008 1/	2,538.57		179.42		2,717.99
2009 2/	2,731.63	819.49	81.95	54.63	3,687.70
2010	2,910.06		87.30	58.20	3,055.56
2011	3,119.35		93.58	62.39	3,275.32
Financiamiento público total	28,185.95	6,815.49	887.15	175.22	36,063.81

Elaborado por la Subdirección de Economía de los Servicios de Investigación y Análisis adscrita al Centro de Documentación, Información y Análisis con información del IFE.
1/ Para el periodo 2000-2011, la información se obtuvo del IFE, en la siguiente dirección electrónica http://www.ife.org.mx/docs/IFE-v2/DEPPP/PartidosPoliticosyFinanciamiento/DEPPP-financiamiento/DEPPP-financiamiento-estaticos/FinanciamientoPPs_1997-2011.pdf

Puede argumentarse que ese es el precio de la democracia, y un costo menor respecto al interés público a salvaguardar. Puede ser, pero el argumento es válido para la transición; quizás era el expediente para transitar a una democracia electoral competitiva y confiable. Ahora se está en otra etapa, y es fundamental que no sea la burocracia electoral ni la política, sino el interés ciudadano el que defina el futuro de la democracia electoral.

El IFE deberá transformarse profundamente. Lo más aconsejable y a decir de los expertos es que se divida en dos instancias, la jurisdiccional o rendición de cuentas y la de organización de las elecciones. Debería operar como un órgano electoral nacional, esto es, para todos los comicios y, además, hacer obligatorias las elecciones primarias en los partidos políticos para que los ciudadanos pudieran acceder a los cargos de elección popular y que los partidos dejen de ser estructuras autoritarias y muy distantes a los ciudadanos.

En este contexto, la palabra la tendrán los legisladores. Por ahora, su sensibilidad continúa siendo la de una reforma electoral a la medida de sus intereses, como es evidente en la de 2007, aunque también ha habido voces que llaman a tener una ley de partidos que los lleve a su modernización y apertura a la sociedad. Por lo pronto el deterioro del IFE no puede soslayarse. Su crisis no se resolverá con renuncias o nombramientos; se requiere un rediseño profundo después de dos décadas de existencia, es necesario que los partidos políticos entren en el debate sobre los temas que tanto necesitamos en materia político electoral, sin darle la vuelta como lo han venido haciendo hasta el día de hoy.

Candidaturas ciudadanas una asignatura pendiente

Las candidaturas independientes deben entenderse como el reconocimiento en las normas de derecho electoral para que los ciudadanos se puedan registrar individualmente como candidatos a cargos de elección popular sin apoyo de partido político alguno. La "independencia" de dichos candidatos se entiende por tanto referida a los partidos políticos y en especial a sus dirigencias, que ostentan en el derecho constitucional y metaconstitucional mexicano, respectivamente, la potestad de registrar candidatos a cargos de elección popular y a fijar la línea del partido en el seno de su representación en las cámaras del Congreso de la Unión o de las legislaturas de los estados.

Lo primero que hay que tener en cuenta en el tema de las candidaturas independientes es que representan un problema desde el punto de vista de la representación de los partidos políticos así como para la construcción de un sistema democrático.

El concepto de candidato independiente es un tema que en la ciencia política no se ha examinado con la debida atención. Por eso mismo es importante que se dirija la mirada hacia esta área de estudio. ¿Qué es un candidato independiente? ¿Por qué tiene un sugerente atractivo?

(Borja; 1999) establece que en los prolegómenos de la Revolución Mexicana había un famoso personaje que se presentaba elección tras elección. Era un candidato incansable que se llamaba Nicolás Zúñiga y Miranda[27]. Este candidato independiente, que se oponía sistemáticamente a la candidatura oficial del dictador Porfirio Díaz, al final de cuentas pronóstico o anticipó justamente el sentir de una población con respecto a un régimen que estaba agotado o en vías de agotamiento. Desde tiempos revolucionarios contamos con la figura y la conceptualización de lo que significa un candidato independiente.

¿Por qué surge un candidato independiente? ¿Qué implica su surgimiento en un sistema político? Lo primero que hay que entender que un candidato independiente es otra forma de hacer política.

Rechaza las formas tradicionales de hacer política. Es un candidato anti-establishment, es decir, busca romper las reglas del sistema, aunque juegue dentro de ellas. Consecuentemente, critica a la política general del gobierno. Se considera una respuesta ante el malestar de la vida pública. Es anti-corrupción. Tiene un ideario fundamentalmente anti-corrupción. Por eso se mueve en la marginalidad y busca la concitación de otros sectores para incorporarlos a un nuevo sistema político. En esencia, busca crear un nuevo establishment.

En forma más concreta, el candidato independiente es una respuesta a la partidocracia mexicana, al sistema que ha privilegiado el monopolio de la representación política a través de los partidos. Reclama la falta de democracia interna de los partidos políticos. Muchos de los candidatos independientes proceden de disidencias o escisiones de partidos políticos, en los cuales no han encontrado una

---

[27]

http://books.google.es/books/about/Don_Nicol%C3%A1s_Z%C3%BA%C3%B1iga_y_Miranda
_o_El_can.html?id=4K9VAAAAMAAJ&redir_esc=y

oportunidad para expresarse. Su desconfianza está fundamentada en su fracaso o en la falta de interés de las élites partidarias para incorporarlos a los procesos políticos, sea como candidatos o sea como funcionarios de la propia organización partidaria. Romper la partidocracia, por consiguiente, es un elemento fundamental a considerar en el desarrollo de una idea dirigida a cambiar las condiciones de competencia, equidad y presencia de la ciudadanía en los procesos electorales.

Dentro del sistema electoral mexicano, cada vez es más complejo, observando nuevos actores políticos y sociales que demandan una mayor participación, por eso, se retoma el estudio de la posibilidad fáctica de incluir en este sistema las candidaturas independientes.

A nivel internacional, las candidaturas independientes están legisladas para los poderes tanto legislativo como ejecutivo, en países con diferentes sistemas políticos. Así, en el continente americano, se observan en países como: Estados Unidos, Chile, Guatemala, Haití, Nicaragua, Panamá, Perú, República Dominicana, Venezuela, Paraguay, Ecuador y Honduras ; en el continente europeo: Alemania, Francia, Portugal, Polonia, Italia, España y la República Checa; en el asiático: Corea del Sur, India y Vietnam; y en el africano: Mozambique, Namibia, Uganda y Zimbabwe.

Llama la atención el caso de Vietnam, donde participan en la vida política electoral el único partido registrado, el Partido Comunista Vietnamita junto con los candidatos independientes, en la búsqueda de incrementar la visión política de un Estado Nación en beneficio de la sociedad y las organizaciones que forman parte de las fuerzas reales de poder.

La democracia es definida por nuestra Carta Magna no sólo como una estructura jurídica y un régimen político, sino como un sistema de vida fundado en el constante mejoramiento económico, social y cultural del Pueblo.

Lo anterior viene al caso, dado que los derechos político-electorales, en tanto derechos fundamentales, se consideran una garantía Individual en los Estados con un régimen democrático.
El derecho político electoral que nos ocupa lo es el derecho de voto

pasivo, o posibilidad de ser electo a un cargo de elección popular, el que se encuentra reconocido en la Constitución Política en el artículo 35 fracción II, y se relaciona con los artículos 36 fracción IVy 38, este último porque en él se precisan los casos en que se suspenden los derechos del ciudadano.

Luego entonces, desde el ámbito constitucional y en una interpretación conforme a la letra, se entiende que no existe imposibilidad jurídica para que un ciudadano pueda contender en un proceso electoral sin necesidad de encontrarse postulado por un partido político[28].

Es importante señalar que el Código Federal de Instituciones y Procedimientos Electorales, en su artículo 218 párrafo 1, establece que corresponde exclusivamente a los partidos políticos nacionales el derecho de solicitar el registro de candidatos a cargos de elección popular, pero no debemos perder de vista lo que establece la Comisión Interamericana de Derechos Humanos sobre la situación de los derechos humanos en México en 1988. "el derecho de acceso a la contienda electoral", se plasma, en el punto 445 que la Constitución Federal establece, en primer lugar, una obligación y un derecho de votar y ser votado, así como también establece los requisitos para aspirar a algún puesto de representación popular sin que en estos figure la necesidad de ser parte integrante de un partido político, sin embargo, expone que el Código de la materia establece la correspondencia exclusiva a los partidos políticos del registro de candidatos a cargos de elección popular. Observando de este modo que la recomendación de esta comisión va encaminada a la reglamentación del derecho de ser votado, lo cual conlleva un trabajo legislativo y no jurisdiccional.[29]

---

[28] Lo anterior es confirmado por el pleno de la Suprema Corte de la Justicia de la Nación al resolver la acción de inconstitucionalidad interpuesta por diversos partidos políticos, con motivo de la publicación de la Ley de Instituciones y Procedimientos Electorales del Estado Yucatán

[29] Lo anterior fue invocado por Jorge Castañeda en el 2006.

En tanto se dio el proceso de adopción de las candidaturas ciudadanas en todo el país los casos más significativos respecto de este tema son: Sonora y Yucatán.

Actualmente dos estados de la República han legislado sobre las candidaturas ciudadanas: Sonora y Yucatán.
En Septiembre de 2006, como se refirió anteriormente, el máximo tribunal concluyó que la Carta Magna no les otorga a los partidos políticos el derecho exclusivo ni el monopolio de postular candidatos; esto debido a que la Corte dio entrada al caso luego de que tres partidos políticos impugnaran las reformas electorales de Yucatán, las cuales prevén la figura de candidatos independientes para presidentes municipales, diputa dos locales de mayoría relativa y de gobernador. Ya que en este estado, en mayo de 2006, se reformaron y adicionaron diversos artículos de la Constitución Política del Estado de Yucatán, se abrogó el Código Electoral de l Estado, despareciendo el Instituto Electoral del Estado de Yucatán y se creó la Ley de Instituciones y Procedimientos Electorales del Estado de Yucatán y el Instituto de Procedimientos Electorales y Participación Ciudadana del Estado de Yucatán.

En el artículo 28 de la Ley de Instituciones y Procedimientos Electorales del Estado de Yucatán se establece lo siguiente: "Los ciudadanos podrán participar como candidatos independientes a los cargos de elección popular para Gobernador, fórmulas de diputados por el principio de mayoría relativa y planillas de ayuntamientos."

Su artículo 29 expresa: "Para la procedencia del registro, los ciudadanos que pretendan de manera independiente una candidatura de elección popular, deberán comunicarlo al Consejo General, por lo menos 60 días antes del inicio del plazo del registro de la candidatura a la que aspire, debiendo acreditar los requisitos estipulados en el artículo 31 de esta Ley."

En tanto que el artículo 31 de la ley en comento, establece los requisitos esenciales que deben observar para poder ser inscritos en la contienda electoral de que trate, estableciendo, en primer lugar, la información de los ciudadanos inscritos en el padrón electoral del estado que "respalden" dicha candidatura, para Gobernador del estado, la ley establece un mínimo de dos por ciento del padrón de todo el estado, para Diputado de Mayoría Relativa, cuando menos el quince por ciento del padrón electoral del Distrito en el cual pretenda competir, para las planillas de miembros de Ayuntamientos cuyo cabildo se integre con once regidores, establece un mínimo de diez por ciento del padrón electoral del municipio que se trate y si el Ayuntamiento se integra por diecinueve regidores, bastará un dos por ciento del padrón electoral del municipio para poder contender en el Proceso Electoral. [30]

A su vez, la ley cuenta con los Lineamientos Generales del Instituto de Procedimientos Electorales y Participación Ciudadana del Estado de Yucatán relativos a las Candidaturas Independientes para establecer con claridad el procedimiento a seguir para el registro de ciudadanos que deseen participar como candidatos independientes.

Por su parte, en el estado de Sonora, la legislación de la materia, en su Capítulo VI, intitulado "De Las Candidaturas Independientes", desde junio de 2005 establece en su artículo 192 que: "Los ciudadanos sonorenses podrán participar como candidatos independientes a los cargos de elección popular para Gobernador, fórmulas de diputados por el principio de mayoría relativa y planillas de ayuntamientos."[31]

A lo largo del capítulo VI de dicho ordenamiento se puede observar que existe una especial relación de identidad entre el Código Electoral de Sonora y la Ley para la Elección para los Poderes Federales del 2 de Julio de 1918 y su reforma del 4 de Enero de 1943, ya que, en Sonora, para que un ciudadano pueda aspirar a formar parte de la contienda electoral, es necesario que cuente con un cierto porcentaje de los ciudadanos inscritos en el padrón electoral del estado de Sonora.

---

[30] *Ley de Instituciones y Procedimientos Electorales del Estado de Yucatán, artículo 28, tomado del portal de Internet del Instituto de Procedimientos Electorales y Participación Ciudadana del Estado de Yucatán: http://www.ipepac.org.mx/marco-juridico/LEY-DE-INSTITUCIONES-Y-PROCEDIMIENTOS-ELECTORALES%20-DEL-ESTADO-DE-YUCATAN.pdf*

[31] *Código Electoral de Sonora, artículo 192, tomado del portal de Internet del Consejo Electoral de Sonora:*

http://www.ceesonora.org.mx/legislacion/ESTATALES/CodigoElectoralSONORA.pdf

Las candidaturas independientes en el México postmoderno, perspectivas sobre la mejor forma de aplicarlas.

El debate nacional en torno a las candidaturas ciudadanas representa un análisis de los artículos 35 fracción II, 36, 39 y 41 de la Carta Magna, principalmente.

"El artículo 35... Establece las consecuencias jurídico políticas que derivan de la ciudadanía y que en resumen consisten en atribución de derechos, obligaciones y deberes (prerrogativas) del ciudadano y que conforme dicho artículo constitucional, presentan a la vez, el doble aspecto de derechos y deberes."

Como ya se ha establecido, el ejercicio del derecho de voto comprende la prerrogativa de poder ser elegido para desempeñar los cargos de elección popular o poder ser nombrado para desempeñar empleos o comisiones de carácter público. La prerrogativa evoca la idea de honroso privilegio.

Al cierre de la revisión del presente, se debate al Seno de las comisiones de las diferentes legislaturas la adopción de ésta figura reconocida constitucionalmente, sin duda bastarán algunos años más para poder medir si dejo beneficios o solo pervirtió la germinal democracia.

Conclusiones para el nuevo siglo

Sin lugar a dudas se vienen tiempos decisorios en el futuro de la Construcción Democrática de México, los temas a discutir por las Cámaras, no resultan novedosos, pues desde la Academia se han discutido en múltiples ocasiones respecto a lo que el país necesita en materia político electoral.

Desde hace 3 años he venido trabajando e investigando sobre el tema y hoy más que nunca creo que tenemos una oportunidad única de transformar verdaderamente a México.

Lejos de los acuerdos y negociaciones de los partidos políticos debemos anteponer la vida democrática y el bienestar de los mexicanos, es por ello que en dicha reforma se deberán abordar temas muy sensibles y con un alto grado de interés partidista, por desgracia nuevamente todo queda en el terreno de lo que hemos denominado la "Cartelización Legislativa". [32]

La primera propuesta a debatir en el Congreso de la Unión será lo referente a la creación del Instituto Nacional de Elecciones, esta propuesta deberá contemplar crear un organismo verdaderamente autónomo, independiente y ciudadanizado integrado con los mejores mexican@s, los más preparados para ocupar el cargo y representar los intereses verdaderamente de los ciudadanos.

Este asunto no es nada sencillo e implica romper cadenas tradicionales de corrupción, de cuotas de poder en cada Estado y de cada Gobernador o Secretario de Gobierno, es decir, con la implementación del INE, se pretende reducir principalmente la obesidad de la estructura electoral del país, en otras palabras eliminar de golpe a los 32 Institutos Electorales con sus respectivas estructuras administrativas.

Sin duda alguna es y deberá ser una prioridad ya que el gasto que se ejerce es brutal, aunado a que todos los institutos estatales sin excepción alguna recurren al auxilio del IFE en cuanto al registro y el padrón electoral se refiere, incluso se han llegado a prestar materiales electorales como urnas entre algunos estados o entre el IFE y los Institutos Electorales, es por ello que si se logra llegar al consenso por parte del Congreso y eliminar estas estructuras, beneficiaria económicamente al país, concentraría las elecciones en un solo órgano nacional, se romperían las cadenas de corrupción, se eliminarían las designaciones de Consejeros a modo, se dotaría de verdadera independencia, transparencia, legalidad, objetividad y certeza.

La selección de los Consejeros Electorales del INE deberá de recaer en organismos ciudadanos, instituciones académicas y organizaciones de la sociedad civil, acotando el poder de veto y de selección que hoy en día opera en todos los nombramientos a nivel nacional e incluso en el propio IFE, los Consejeros Electorales deberán dejar de ser rehenes de los partidos políticos, y dejar de

---

[32] *Cartelización Legislativa (Flores; 2013) Isbn 978-1-291-44471-1*

operar a favor de los mismos camuflados de consejeros ciudadanos, cuando en realidad son peones del ajedrez democrático.

Sin duda otro tema que nos duele a los mexicanos es lo relacionado con la Fiscalización de los recursos de los partidos políticos y lo que se destina para las campañas electorales, los mexicanos estamos cansados de ver como nuestro dinero vía impuestos, se va a la basura con gastos millonarios en publicidad partidista, en mantener a los partidos políticos que incurren en absurdos como justificar gastos operativos de partido, mediante facturas de lujosos restaurantes o por risorio que parezca con facturas de alquiler de equipo acuático-deportivo, este tipo de abusos ya no se puede permitir, hemos venido observando en los últimos procesos electorales, un tema de vital importancia para la democracia mexicana como lo es el dinero que se ingresa a las campañas de manera ilícita o que provienen del Narcotráfico, con la reforma y la aprobación de las candidaturas independientes deberemos estar muy pendientes de estas aportaciones, pues estaremos en riesgo de pasar del asesinato de candidatos no "cooperativos" con los cárteles , a ver como los "cárteles" se hacen con el control en los municipios o estados por la vía electoral.

En cuanto hace a los partidos políticos se deberá poner en la mesa de "negociaciones" lo que viene siendo su acta de nacimiento y carta filiación, es decir, México ya no se debe dar el lujo de mantener a miles de oportunistas que crean partidos políticos estatales sólo para acceder a las prerrogativas y ganar unos cuantos millones de pesos, que serán disfrutados por un puñado de hampones, tampoco debemos permitirnos el seguir manteniendo partidos que solo obtienen el 2% en las elecciones mediante coaliciones engañosas, por tanto se deberá aumentar a 5 o 6% el mínimo para mantener su registro como partido político y dejar de disfrutar el financiamiento público que lo pagamos usted y yo con los impuestos producto de nuestro trabajo.

Un tema escabroso es la Reelección, lo que se conoce como Accountability y que es algo que beneficiaria nuestra democracia, pues esto obligaría a "nuestros representantes ciudadanos" Diputados, Senadores y Regidores" a trabajar.

Este mecanismo los obligaría a regresar a aquellas comunidades donde pidieron el voto en campaña y al cual hoy en día nunca vuelven a regresar, con esta modalidad se verían forzados a estar pendientes de su electorado con miras a una reelección en donde los ciudadanos califiquemos y evaluemos su desempeño y no sólo les paguemos sus120 mil pesos al mes, con esto dejaríamos de ver Regidores, Diputados y Senadores "divas" que se sienten hechos a mano, ídolos de barro y de poder, pues al final del camino no son más que nuestros representantes, y al más puro estilo de los Narcos, nosotros los ponemos y nosotros los quitamos, pero de una manera legal, sensata y democrática.

Por último y no menos importante el tema a discutir deberá ser la implementación de la Segunda Vuelta Electoral ya que han pasado más de 18 años, 6 legislaturas como lo he comentado en columnas anteriores y el tema no pasa al interior de las Comisiones, la última propuesta fue la que dejara el entonces Presidente Felipe Calderón días antes de que terminará su encargo, misma que a más de un año sigue en " revisión" por parte de los legisladores, un tema que no es cómodo para nadie, que implica un riesgo para los partidos políticos, que los obliga a ser mejores y más competitivos, que los constriñe a dejar de engañar y de robar, a caminar con pies de plomo, pues en votaciones futuras podrían sufrir un fuerte descalabro, eso sin olvidar que en la segunda ronda se daría una especie de coalición entre los partidos perdedores y alguno de los 2 en competencia en segunda vuelta, ahí está el caso que analizo en " Cartelización Legislativa" La Segunda Vuelta Electoral en formato e-book, en donde se investiga empíricamente las consecuencias de una posible implantación de la segunda vuelta electoral, se documentan estudios sobre 12 naciones latinoamericanas y el caso mexicano de San Luis Potosí respecto a la Segunda Vuelta Electoral.

Todos estos tópicos son fundamentales para nuestra democracia, los mexicanos sin duda estamos preparados para ellos, pero dudo, realmente lo dudo que nuestros representantes ciudadanos por primera vez en la historia dejen de lado sus intereses políticos y partidistas y piensen como cualquier ciudadano común y corriente.

Reformas necesarias para un país necesitado en un esquema de gobierno cooptado.

Tal vez no sea tarde, después únicamente el tiempo nos dará la razón respecto a nuestra Germinal Democracia...

Bibliografía

Referencias bibliográficas

Blanco Valdés, R. (1993). "Consideraciones sobre la necesaria reforma del sistema español de financiación de los partidos políticos". Cuadernos y Debates, N. 47. Madrid: Centro de Estudios Constitucionales.

CAPEL, Centro de Asesoría y Promoción Electoral. (1997). Registro Civil y Electoral de América. Memoria del III Seminario para Técnicos Gestores de la Administración Electoral de los Países de Iberoamérica. San José: Programa de Alta Gerencia.

Carrillo, M. Lujambio, A. Navarro, C. y Zovatto, D. (Coordinadores). (2003). Dinero y Contienda político-electoral: Reto de la Democracia. Ciudad de México: Fondo de Cultura Económica.

Chuayffet Chemor E. (2006). Algunas Reflexiones sobre el Financiamiento a los Partidos Políticos. Ciudad de México: UNAM, Instituto de Investigaciones Jurídicas.

CNE, Consejo Nacional de Elecciones. Fallo Nº 3010/02, in re "Partido Nacionalista Constitucional".

Corcuera, S. Lugone, N.J. y Dugo, S. Financiamiento de los partidos políticos y de las campañas electorales. A propósito de la reciente experiencia francesa, LA LEY -A, 742.

Constitución Política de los Estados Unidos Mexicanos. reforma publicada el 4 de mayo del 2009.

Córdova Vianello, L. (2008). "La Reforma Electoral y el Cambio Político en México". En Zovatto D. y Orozco J. (Coordinadores). Reforma Política y Electoral en América La-tina 1978-200. Ciudad de México, Universidad Nacional Autónoma de México e IDEA Internacional.

Córdova Vianello L. y Salazar Ugarte, P. (compiladores). (2008). Estudios sobre la Reforma Electoral 2007. Hacia un Nuevo Modelo. México: Tribunal Electoral del Poder Judicial de la federación.

Dahl, R. (2003). ¿Es democrática la constitución de los Estados Unidos? Buenos Aires: FCE.

De La Calle, H. (2004). " Financiamiento Político: Público, Privado, Mixto". Griner, S. y

Fayt, C.S. (1994). La Omnipotencia de la Prensa. Buenos Aires: La Ley.

Ferreira Rubio, D.M. (2005). "El Control del financiamiento de los partidos en Argentina ¿Qué cambió con la nueva ley?" Serie Documentos de Trabajo. No 292, Universidad del CEMA, Junio.

Flores Rodríguez Raúl Manuel (2013) Cartelización Legislativa Mexicana, La Segunda Vuelta Electoral. España, Ed. Lulu. Nexo Estudios.

González Martínez, C. (2007). "Desafíos (algunos) de la Reforma Constitucional Electoral del 2007" (mimeo). Morelia: Michoacán. Diciembre 8.

González Martínez, C. (2008): "Decálogo de desafíos para la nueva reforma electoral mexicana", (mimeo). Morelia: Michoacán.

Griner, S. y Zovatto, D.(Eds.). (2004). De las Normas a las Buenas Prácticas: el desafío del financiamiento político en América Latina. San José, Costa Rica: Organización de los Estados Americanos (OEA) e Instituto Internacional para la Democracia y la Asistencia Electoral (IDEA).

Guerrero Gutiérrez, E. (2008). Fiscalización y Transparencia del Financiamiento a Partidos Políticos y Campañas Electorales: Dinero y Democracia. Ciudad de México: Auditoría Superior de la Federación, Serie Cultura de la Rendición de Cuentas.

IFE Instituto Federal Electoral. (2009). Reglamentos de la Unidad de Fiscalización de los Recursos de la Partidos Políticos. Versión electrónica.

IFE. (2008). Código Federal de Instituciones y Procedimientos Electorales. Ordenamientos Electorales, Tomo II. Ciudad de México: IFE Instituto Federal Electoral.

IFE. (2008) Administración del tiempo del Estado en radio y televisión para fines electorales. Documento de difusión con fines informativos. Ciudad de México: IFE Instituto Federal Electoral.

IFE. (2008) La nueva reforma Electoral de México. Síntesis. Ciudad de México: IFE Instituto Federal Electoral.

IFE/TRIFE. (2008). "Documento descriptivo de la reforma electoral 2007-2008". Documento de trabajo. Ciudad de México: IFE/TRIFE.

IFE. Distintos comunicados públicos sobre montos de financiamiento.

IFE 2012. Página web del IFE con sitios relevantes: ife.org.mx - boletín elección programa de acompañamiento ciudadano - (a la mano derecha) Información para expertos.

International IDEA. (2006). Electoral Management Design: The International IDEA Handbook. Stockholm: IDEA (puede bajar-se de la página web www.idea.int).

Izurieta, R. "Tratamiento de la comunicación política: los medios y el comportamiento de votación".

Figueroa Álvarez, R.A. "Regulación del financiamiento de los partidos políticos en México". Revista del Instituto de Investigaciones Legislativas del Senado de la República "Belisario Domínguez".

Fix-Fierro, H. (2006). Los Derechos Políticos de los Mexicanos. Ciudad de México: Universidad Nacional Autónoma

Latapi, A. (2009). Reforma Electoral en México. Ponencia presentada en un simpo¬104 Aplicación de la Reforma Electoral de 2007/2008 en México desde una perspectiva internacional comparada

López Pintor, R. (2009). Procesos de reforma de los sistemas electorales: aprendizajes de la experiencia comparada. Ponencia presentada en un simposio de CIESPLAN, Santiago de Chile, junio del 2008. De próxima publicación.

López Pintor, R. and Fischer, J. (2006). Getting to the CORE. A Global Survey on the Cost of Registration and Elections. New York: UNDP (puede bajarse de la página web del PNUD).

Marcuse, H. (1968). El hombre unidimensional. Ciudad de México: Editorial Joaquín Mortiz.

Mauro, R. (2006). "Partidos Políticos y Financiamiento Político". Munich Personal RePEc Archive, October.

Mendoza Zúñiga, R. "Alcances Jurídicos del Financiamiento de los Partidos Políticos en Chile". Reforma del Estado, Vol. 1, en www.cepchile.cl

Miranda, J. (2005). Derechos Fundamentales y Derecho Electoral. Ciudad de México: Universidad Nacional Autónoma de México.

Muñoz, H.A. (2000). "Financiamiento de los partidos políticos". Diccionario Electoral. San José de Costa Rica: IIDH-CAPEL.

Navarrete Yáñez, B. El Financiamiento de los Partidos Políticos. Una Mirada a la Teoría y a la Experiencia en América Latina. Santiago: Instituto de Asuntos Públicos, Universidad de Chile.

Nassmacher, K.H. (2003). "Fiscalización, control y cumplimiento de la normatividad sobre financiamiento político". Carrillo, M. Lujambio, Navarro, C. y Zovatto, D. (compiladores). Dinero y Contienda Político Electoral. Ciudad de México: FCE.

Navarro Fierro, C. (2005). Regímenes de Financiamiento y Fiscalización y Garantías

Reyes Tépach M (2011). "El financiamiento público federal para los partidos políticos nacionales de México: presupuesto aprobado e impacto de la reforma al artículo 41 constitucional, 2000-2011" dirección general de servicios de documentación, información y análisis.

Sartori, G. (2002). Homo Videns: la sociedad teledirigida. Madrid: Taurus.

Sartori, G. (1989). "Videopolítica". Rivista Italiana di Scienza política. Agosto

Swanson, D. L. (1995). "El campo de la Comunicación Política. La Democracia Centrada en los Medios". En Muñoz-Alonso, A. y Rospir, J.I. (editores). Comunicación Política. Madrid: Universitas.

Tejeda Ávila, R. (2005). "Amigos de Fox, breve historia de un ¿partido? Efímero". Espiral, Vol.XII, No 34.

Ulloa, F. (2004). "Financiamiento Político: Órganos de Control y Regímenes de Sanciones". Griner, S. y Zovatto, D. (eds.). De las Normas a las Buenas Prácticas. Washington DC: Organización de Estados Americanos e International IDEA, capítulo 4.

USAID. Manual de Financiamiento de la Actividad Política, Oficina de Democracia y Gobernabilidad. Washington DC: Agencia de los Estados Unidos para el Desarrollo Internacional.

Weber, M. (1977). Economía y Sociedad. Bogotá: Fondo de Cultura Económica (1ª ed. en alemán, 1922

Woldenberg, J. El financiamiento a la Política. www.bibliojuridica.org/libros/1/347/21.pdf

Woldemberg, J. (2009). "México de cara a las elecciones." En Nueva Sociedad 220, marzo-abril.

Zárate Vite, A. (2007). ¿Por qué se enredó la elección de 2006? Una contienda vista desde adentro del IFE y del Tribunal Electoral. Ciudad de México: Miguel Angel Porrúa.

Zovatto, D. y Orozco, J. (Coordinadores). (2008). Reforma Política y Electoral en América Latina 1978-2007. Ciudad de México: UNAM e IDEA Internacional.

Zovato, D. (coordinador). (2006). Regulación jurídica de los partidos políticos en América Latina. México: UNAM e International IDEA.

www.ingramcontent.com/pod-product-compliance
Lightning Source LLC
Chambersburg PA
CBHW020251290526
45784CB00003B/1200